21世紀完全快樂自由人攻略

掌握思想、財務、健康，做個百分百快樂的人

字悠——著

序

快樂，從來都是人類所追求的。多少年多少人都在研究如何可以獲得快樂。可是，根據全球快樂報告，這個世界很多人都不快樂，特別是世界城市化令人類進入過度競爭的境況，而過度競爭令人迷失，令人喪失追求生命的真正意義。

我十九歲考大學那年，墮入了過度競爭的深淵，結果患了抑鬱症。病發時控制不了手腳，走到窗口前準備跳下去。幸好家人及時發現，活了下來。之後的三年痛苦煎熬，常常徘徊在生死之間，浸淫在恐懼之中。然後，終於康復過來。康復之後，我感覺重生一樣，眼睛看到的盡是色彩斑斕的世界，神智沒有再比此刻更清晰了。我不想這個病回來，於是我下定決心要做個真正快樂的人。

多年來，我不停地摸索自己快樂的路徑，然後我發現這一切與別人無關。我開始認識自己，喜歡自己，並嘗試只做自己喜歡的工作，只參與自己喜愛的活動，只應付自己有興趣的考試，只和有趣的人談話。而且，我經常練習大笑，亦喜愛講笑話。慢慢地，我居然變成一個非常正面、充滿愛和正能量的人！

一天，我發現自己竟然可以超越一切負面情緒的刺激，思想上得到完全的自由。

然後，經過多年奮鬥和投資計劃，我又發現自己擁有財務自由，可以選擇自己想要的生活方式。

終於，一場病激發起我全身的潛能，獲得真正的自由與快樂。

我寫這本書的目的，是要總結如何通過心理健康、思想自由和財務自由來做一個百分百快樂的人。快樂的根源，在於只做自己喜歡的事（不傷害其他人），以及有放下一切的能力。做自己喜愛的事，是要為自己打入正能量。放下一切，是要讓自己可以盡快復原，減少煩惱，思想自由。看似非常容易的事，其實又談何容易。如果你快樂，你周圍的人也會得益。

假如有人看了這本書而尋找到自己的快樂途徑，我會很感動。因為單看這本書並不會尋找到快樂，快樂是要把書中的訊息消化後融入自己的生活及生命裡，成為自己尋找快樂的智慧，而這個人做到了。

每個人都值得擁有自由和快樂。但這是一個瘋狂的世界，令我們不斷競逐物質，期間我們對錢迷信，亦令自己身心疲累。事實是，物質越豐富的人，心靈卻越空虛。

感謝你們願意追求自由與快樂，因為這個看似人的基本需要並不是每個人都有勇氣和毅力去實現的。

世界上多一個快樂的人，便多一份美。

你，其實很美。

CONTENTS

目次

Part 2 財務自由

Part 3　健康自由

Part 4 自我修煉

Part 1

思想自由

沒有思想自由，便沒有智慧和創意。

1. 批判式思考

‧破牆而出

我們從小到大都被訓練成為同一類的人。我們由出生、上學、申請考上名牌大學、到工作賺錢，每一個人的經歷都似乎是由一個軍隊訓練出來，而父母就是我們的將軍。我們成為他們想要的人，他們則說是為了我們好。他們認為讀書好就可以找到好的工作，然後有滿意的收入，過著幸福的生活。在現今這個世代，這種想法頗不切實際。

首先，現在大學畢業生人數遠比過去多，大學畢業生已經不是天之驕子；加上現代企業為節省開支，很多只提供兼職職位，亦有不少工作被人工智能所取代；所以不少大學畢業生畢業後只能找到兼職或暫時性的工作、或做著低技能的工作，甚至有些找不到工作。讀書和工作是兩回事：讀書好不代表工作能力好，讀書不好不代表工作能力也不好。

另外，賺錢多不代表你一定有幸福的生活。有些人為了賺錢而罔顧自己的健康，反而造成短命的結果；或罔顧與家人的關係，造成骨肉疏離。相反，有些人只賺取微薄的收入，卻非常幸福。幸福與否在乎你的心態和價值觀。幸福的感覺從來都是自己給自己的。

中國古代的價值觀：「萬般皆下品，惟有讀書高」，已不合時宜。讀大學固然是一個重要的學習體驗，但不是唯一的出路。古代大多數人是農民，要改變命運當然只能靠讀書考狀元。現在已不同，「行行出狀元」，只要你是某一個行業最出色的，那麼你便可以建立起自己的品牌，不愁沒有生意。

多數父母都不懂得應該怎樣教導孩子。他們或許會按照現代普遍的教育方法來教導他們的下一代，因為他們覺得這樣會比較安全。例如很多父母都把孩子的日程安排得密密麻麻：下課之後，孩子還要學習電腦和英語口語，之後是做功課；而星期六、日更需要學習跳舞、繪畫、小提琴和游泳，他們認為這樣孩子的生活便會過得充實。而且他們需要幫子女計劃一個很好的履歷去求見名校。

結果「團結就是力量」，當大多數父母都這樣想的時候，整個社會以及商業機構也會繼續提供一種適合這種思想的環境。於是遭殃的是他們的孩子，所有孩子都在一個盒子裡生長，他們看不見天空，沒有想像力；看不見前路，沒有創作力。每天父母打開盒子，供養他們需要的食物和書本。孩子慢慢變得不懂得走路，不懂的思考，完全聽命於父母，而父母滿意地認為這叫做「乖」，這叫做「聽話」。

但我叫這做「失敗」。

沒有思想的孩子將來只會成為奴僕，成為父母的奴僕、制度的奴僕、當權者的奴僕。

很多父母都會為孩子做好父母認為最好的一切準備，但這可能只是做好了一個期望而抹煞了孩子的其他可能性。所以當孩子長大有思考的能力時，必須要反觀父母的行為，是否不合時宜，是否真的為他們好，以及父母有否用心聆聽他們的聲音，支持他們想做的事，還是父母故步自封，以自己的權威否定孩子的意見。

孩子必須清醒過來，否則這個盒子將會強化變成四面牆，並將會耽誤他們的一生。

．問小孩會問的問題

孩子要清醒過來，首先由自身開始，問小孩會問的問題。為什麼要讀書？為什麼要上補習班？為什麼不可以玩遊戲機？為什麼要聽父母的話？然後自己嘗試回答。

讀書和補習，是為了增加知識？為了考試？為了見班上的一個男孩或女孩？為了逃避家人？還是為了打發時間？

不可以玩遊戲機，是因為我已經玩太多了？因為父母要我讀書？父母要顯示他們的權威？父母怕我眼睛瞎了？玩遊戲機很花錢？還是他們要用電腦？

聽父母的話，是因為我很認同他們的價值觀？我沒有選擇？我沒有錢自己生活？還是他們真的對我很好？

在自己回答自己的時候，嘗試多角度思考，把所有可能性都想一遍。然後找出自己認為正確的答案，多了解自己和身邊的人。

要破牆而出，除了要養成問為什麼的習慣，還要有獨立思考能力。

獨立思考的意思，是指自己有思考的自主權，有能力理解、分析、比較、和作出決定。別人只可以給你意見而你不能被他說服或直接採納他的建議。

獨立思考的好處

A. 增強自己對人或事的理解、分析和比較的能力。
B. 增加求知慾和創造力。
C. 有機會靜下來，和自己聊天。
D. 多角度思考，並與真實社會的情況連繫上來。
E. 能防止墮入別人的圈套，不容易受騙。
F. 對自己所作的決定負責，增加自信。
G. 對自己的生命有自主權，不受別人影響。
H. 自己寫自己的歷史，一生無悔。

不願獨立思考的原因

A. 長期在舒適圈內，不願改變現狀。
B. 長久以來依賴他人告訴你應該怎樣做。
C. 周圍的人對自己照顧得太好，被寵壞。
D. 欠缺自信。

如果一個人有獨立思考的能力，便能夠處於獨立思考的位置來和別人溝通，以客觀的角度分析對方的觀點，再和自己的觀點作對比。假如一個人沒有獨立思考的能力，他便會讓別人的觀點填滿他思想中的空缺，結果他盡是採納別人的觀點而自己無法作出正確的判斷。

要有獨立思考的能力，一個人首先需要一些價值觀來作為自己思想和行為的基礎。那麼到底一個人如何去確定自己的價值觀呢？

首先，從小到大我們收集了很多別人的思想和價值觀，而我們必須從中選擇一些自己欣賞和接受的價值觀，來代表自己的立場。

然而我們從小到大都在受著父母的影響，我們不知不覺地採納了他們的價值觀，然後應用在自己的思想和行為上。譬如父母願意幫人，我們也願意幫人；父母不讓座，我們也不會讓座；父母愛唱歌，我們也會唱歌；父母愛罵人，我們也會罵人。

然後是老師的教導和朋輩的影響。老師要求我們守秩序排隊上樓梯，我們會照做，因為我們想得到老師的讚美。如果同學愛讀書，我們也愛讀書；如果同學不讀書去玩，我們又會跟著去玩。

在大學的時候，我們開始學習多角度思考。把所有的人和事都以多角度去思考，這有助於我們明白所有人和事其實也有好壞兩面。知道了這個事實，我們再去和別人溝通的時候，便能以比較客觀的角度來審視對方的觀點，如果經過獨立思考後覺得對方的觀點是有啟發性的，便將之納入自己的價值觀籃子或取代自己舊有的價值觀；如果對對方的觀點有懷疑，則可求證後再決定採納或捨棄。不停重複這個步驟，我們便能不斷進步，將自己變成高質素的人。

什麼是夢想？

獨立思考的議題還包括：我們是否想要成為父母期望我們成為的那種人，這樣有什麼好處，又和你自己的夢想一致嗎？

夢想是一個你想實現的境界，而這個境界需要你付出很多的努力和恆心。譬如你想成為一個音樂家、想出一本漫畫書、想開發一個應用程式，想改變某些人的思想。

沒有夢想的壞處

A. 電影明星周星馳金句：做人如果沒有夢想，跟鹹魚有什麼分別？
B. 沒有靈魂，跟隨著大多數人的做法。
C. 安於現狀，欠缺探險精神。
D. 欠缺個人魅力。

如何找到你的夢想？

A. 認識自己，確定自己的愛好和長處。
B. 修讀相關課程和建立有關的人際網絡。
C. 留意有關行業及事態的最新發展，不斷進修。
D. 通過努力、毅力、魅力，實現夢想。

有夢想的好處

A. 有機會認識自己，了解自己的強項和弱項。
B. 有人生目標，向著目標前進。
C. 超越自己，磨練自己。
D. 達到目標後有成功感，自信增加。
E. 可以啟發別人，以生命影響生命。

假如我們不做鹹魚，都有夢想的話，在將夢想變成事實的過程中，我們必須要有獨立思考的能力。因為每個人的夢想都是獨一無二的，每個人在實現夢想的過程都是不一樣的。

自由的小秘密

有一天你會發現你的四周已沒有牆了，而且你還有能力去幫助別人破牆。

·有彈性的人目標為本

有些人到了某個年紀，便覺得自己的行為不應再像孩子般，然後常常刻意保持一個「大人」的形象。

其實一個人的成功，在於他是否有彈性。如果他能接受自己有孩子和大人的行為，即是他是能接受自己在不同的時間和崗位有著不同的表現，那麼他便是一個有彈性和接受性很高的人。這種人生命力強、適應力強，到哪裡也能生存下來。

一個有彈性的人在家裡會怎樣？男的會幫忙做家務、帶小孩，女的會換燈泡、修理電器。

一個有彈性的人在公司會怎樣？假如公司人手不夠，他願意做他下屬的工作，以減低下層同事的壓力。

一個有彈性的人在人生規劃上會怎樣？他為了儲錢，願意住劏房[1]和騎腳踏車上班，不會因為自己是專業人士而覺得丟臉。

一個有彈性的人會以目標為重，作短暫犧牲以達致最終目標。

假如一個人有彈性，他的思想也必然是自由的。

因為他沒有什麼應該、不應該，只是就著當時的情況或環境來處事。他可以住六星級酒店，也可以住劏房。他可以吃珍饈百味，也可以吃泡麵。他可以坐勞斯萊斯，也可以坐公共汽車。他可以做董事長，也可以做清潔工。在必要的時候，他容許自己做低微的工作、做不屬於自己的工作。

1 劏房：指面積少於兩百平方呎的住房。

有關彈性的練習

你覺得以下兩個欄目中的哪兩項放在一起（每欄選一項），可以顯示一個人最大的彈性？一位校長跳鋼管舞，還是一位科學家但也是紋身師？

第一欄	第二欄
公司經理	鋼管舞舞蹈員
董事長	紋身師
醫生	風水師
講師	救助流浪貓狗義工
消防員	沙灘清潔義工
校長	樂團鼓手、吉他手
政府高官	健身教練
律師	單車維修員
科學家	潛水人員
廚師	網路紅人
漫畫家	應用程式創辦人

一個有彈性的人或會有孩子般的行為。我們試想想孩子的行為是什麼？是真誠、是即時、是直接、是不造作、不虛偽。孩子會問最直接的問題，給你最直接的回覆，表達最直接的感受（不論褒或貶）。假如一個成人有這些特質，他某種程度上是一個有吸引力的人。跟這種人一起工作或生活全不費力，因為你不用猜測這個人真實在想什麼，他整個人已經很真誠地呈現在你的眼前。是喜歡、不喜歡也一併告訴你。你不用花時間去猜測，然後做了一些事，原來他又不喜歡。

這種人或會像孩子一般開懷大笑、傻笑，笑到人仰馬翻。你以為他是白痴，其實他是一位智者或專業人士。這種人沒有形象的枷鎖，而且超越世俗的眼光，只想做回自己，表現真我個性。而他的這個個性又是這般的可愛。

與這種人做伴侶，是一件很幸福的事。你煮的菜好吃，他會真誠告訴你；你煮得不好吃，他亦會直接告訴你，不會虛偽地告訴你煮得很好吃，然後在吃的時候面有難色。

和這種人做同事，是一件很幸福的事。他會直接提醒你一個建議的弊端和風險，讓你在行事之前有所防範。

簡單來說，和這種人一起，是非常省時、有效率、而且快樂的。

自由的小秘密

有彈性的人永遠都會找到一條可以走的路。他很可能就是最快成功的那個。

2. 如何確立你的價值觀

‧父母不一定正確

何謂父母？

父母是一男一女一次性交之後有了孩子被冠以的身份，而這身份是終身的。大多數父母負責子女的衣食住行和教導。

大多數父母都不能準確預測孩子來到這個世界的時間，所以他們多數的反應都是：「懷孕了嗎？那我們看看怎麼準備一下吧！」

父母從第一胎開始，都一直是摸著石頭過河。當然他們很想把所有事情都做對做好，但經常還是做得「不夠對、不夠好」。

多數父母很愛子女，因為子女傳承自己的血脈，繼承自己的姓氏，長有自己的容貌。但是父母也是普通人，也會有私心，會疲倦，會懶惰，會有自己的性格缺陷，會有不合時宜的價值觀。

在我們成長過程中，我們無可避免都一直在吸收父母的價值觀，而且受著他們的行為所影響。在我們還沒有形成自己的價值觀時，我們大概只是父母的一面鏡子。我們要跳出父母的框子，然後客觀地看看自己的生命。自己的生命是一個獨立個體，有著自己決定自己命運的能力。

如何審視父母？

學習父母正確的價值觀，摒棄他們錯誤的價值觀。

世界上沒有價值觀是絕對正確或錯誤的，所有價值觀都是相對的。而且同一個價值觀在不同的時代有著不同的命運。

譬如七十年代的時候，同居是大忌。當一男一女同居被別人發現，會是一件很丟臉的事，而且會被社會不同階層所唾罵。然而到了九十年代，同居已不是新鮮事。之後同居的風氣盛行，很多人認識了幾個月便同居；亦有人在同居之後懷孕，奉子成婚。

假如父母在二十一世紀的今天責罵你和別人同居，這便是不合時宜的價值觀，你的父母還活在上一個世紀。那麼你便有強而有力的原因去反對他們這個價值觀。但假如反對你和別人同居是因為你只有十五歲，那麼他們便較有道理。

很多父母都希望子女讀大學，因為他們覺得大學學位是一種保證，一種對工作和前途的保證。但事實當然不是唯一的保障，條條大道通羅馬。假如子女有一技之長，例如在拳擊賽中屢獲殊榮，或已創作出自己的漫畫人物和故事，或歌聲有如天籟，即使沒有大學取錄，也不應責備子女，應鼓勵他們發展自己的強項，闖一番天地。如果父母頑固地認為子女必須有一個大學學位而責備他們，這些父母的價值觀很有問題。子女必須勇敢地和他們對抗，並按照自己的強項來確認目標，發展自己的事業。

假如父母對兄弟姊妹各人都很公平，那麼表示父母對公平對待這種價值觀很重視。我們看見了，會學習父母，並且會對社會各階層的人也公平。譬如你會和老闆說「早安」，也會和清潔女工說「早安」。

假如父母不遲到，子女也會學習不遲到。假如父母愛護小動物，孩子也會愛小動物。假如父母做義工，子女也會做義工。所有父母做得好的事，我們都應該學習。

你喜歡父母這樣對你嗎？

A. 上班之前寫字條給你，告訴你廚房有飯吃。

B. 叫你把你喜歡的玩具給弟弟玩，因為你比弟弟年長。

C. 你一時失手，考試不合格，但父母沒有罵你，只叫你下次要更努力。

D. 結交了一個男朋友，介紹給父母，怎知父母叫你和他分手，只因為他騎機車。

E. 父母一看見你玩遊戲機，便責備你。

F. 父母說如果你結婚，他們會給你買房的頭期款。

父母做的每一件事，都反映他們的價值觀；同樣，你的每一個答案，也反映了你的價值觀。

自由的小秘密

父母可能不知道自己在子女面前暴露了他們什麼的價值觀，但子女則什麼都看在眼裡。

．通才的蜘蛛網

要建立相對正確的價值觀，還需要認識世上不同領域的所有事。所有事件或現象都是互相連結在一起的，就像一個蜘蛛網一樣。假如我們這個蜘蛛網有很多地方斷了線，就會經不起大風的吹襲，很快便會毀於一旦。對於世上的各種知識，我們不需要每一樣都非常精準，但知道得越多越好。這樣我們便可以慢慢地建立一個完整的蜘蛛網，具有保護性，經得起風浪。套用在我們的價值觀上，便是我們建立了一系列相對完整的價值觀，而且是盡量客觀、具時代感的，所以經得起別人的挑戰，具有保護我們自己的作用。

認識不同領域知識的四大好處

A. 在學習不同領域知識的時候，會感到自己的渺小和不足，所以會保持謙虛的態度，因此個人修養會大大提高。

B. 將不同領域的知識連繫在一起，因而更加明白每一個領域的細節，說話會有說服力。

C. 知識豐富，觀點會變得客觀。和別人談話時，容易得到別人的認同。

D. 知識廣博，每一個範疇都能表達意見和交流，因此吸引不同領域的朋友，擴闊自己的人際網絡。

如何增加不同領域的知識

A. 對所有事物擁有強烈的好奇心，視無時無刻都是一個學習的機會。

B. 看關於不同領域的書，包括醫學、心理學、社會學、哲學、藝術、詩歌、烹飪、健康、天文、地理、體育等。

C. 參加不同領域的課程，例如舞蹈、攝影、唱歌、剪髮、電腦、中醫、投資、管理、物理、飛行理論等。

D. 和不同階層的人、不同專業的人交流，嘗試體會別人的經歷。

E. 到不同國家自助旅遊，期間多與當地人傾談，感受不同文化的精髓。

創作《蒙娜麗莎》的著名畫家李奧納多•達文西，是意大利文藝復興時期的一個博學者：在繪畫、音樂、建築、數學、幾何學、解剖學、生理學、動物學、植物學、天文學、氣象學、地質學、地理學、物理學、光學、力學、發明、土木工程等領域都有顯著的成就，簡直就是通才的代表人物。

另外，創作魔幻小說《魔戒》三部曲的作者托爾金，他不但是語言學家、作家、詩人、大學教授，而且還是軍人，參加過第一次大戰並擔任中尉的軍銜。

武打影星李小龍可以獨創截拳道，是因為他不只是武術家，也是哲學家。他能夠把武術引用在哲學裡，亦能夠把哲學應用在武術裡。他亦是舞蹈家、演員，而且還發明了第一代的健身儀器。他各項的專長都能夠幫助他在武術方面的研究和發展。

一個人如果能夠有超過一個專業或強項，他的每一個專業將會受其他專業知識的正面影響。譬如我是英語講師，但我也是法律翻譯員、作家、即時傳譯員、企業教練、心理學研究員、短片導演及製作人，而每一個專業都會幫助我在其他專業方面的發展和貢獻。假如你是律師，你可以在心理學和語言學方面發展，會有助你的事業。假如你是公司經理，亦可在企業教練和危機管理方面進修，會有助提升你在人力市場上的競爭力。

自由的小秘密

因為互聯網的出現，每個人都有均等的機會獲得不同領域的知識，成為通才是世界很多人的新方向。在創業、找工作和交友方面，通才的知識更是必須的。

・自我反省的智慧

自我反省是一種智慧，是一種可以培養出來的能力。習慣自我反省的人，會將自己變成高質素的人。

根據心理學家弗洛伊德的理論，人的意識分為三個層次：意識、前意識、潛意識。

意識是指你的五種感官所接收到的訊息，例如看見巴士駛近巴士站；聽到嬰孩哭，聞到香水氣味。前意識是指可以回想起的記憶，例如你記得昨晚晚餐吃了什麼，上星期日你和孩子去了哪裡玩；假如你學過游泳及開車等的技能，在需要游泳及開車時，你也能想起游泳及開車的技巧。潛意識是指你由出生到現在所有的回憶、習慣、情緒、行為和價值觀；這個層次是最深入和個人的，很多人連自己也不理解自己的潛意識。在人的整個思想來說，意識只佔百分之十，而前意識和潛意識則共佔百分之九十。所以「自己」對很多人來說，也是一個謎。

在自我反省的過程中，有機會檢視自己的前意識和潛意識，增進了解自己的思想和行為，從而修正自己做得不足的地方。

自我反省的理由

A. 我們為了和別人保持一個「良好」的關係，有時會抑壓自己的意見，例如在老闆面前，不敢說出反對的聲音；但如該等意見是為整體公司的利益著想，而老闆又是一個講道理的人，則應該提出這類意見。自我反省給予我們機會分析將來何時應該及何時不應該表達自己的意見。

B. 在日常生活中，我們會衝口而出說了傷害別人的話，或者魯莽地做了一些不適合的舉動。假如我們沒有反省的能力，我們便會繼續犯同樣的錯，因而影響與別人的關係。

C. 如果自己做了一些事情而得到別人的稱讚，潛意識會驅使我們做更多這種被稱讚的事，因為我們想重複快樂的感覺。自我反省可以確認這些被別人稱讚的事情。

D. 在我們成長的過程中，經常都會被責罵或嫌做得不夠好。在自我反省的過程中，必須檢視自己的尊嚴有否被侵犯。要保持自己的自尊，將自己和別人放在一個平等的基礎上溝通。

E. 人類是群體動物，與人溝通是一種藝術。用不同的字眼和說話態度，能令對方有截然不同的感受。保持一個謙卑、正面和幽默的說話態度和處事方式，能令自己廣結朋友，並成為一個受歡迎的人。

自我反省的好處

A. 練習以客觀角度看待人和事
B. 給予機會觀察和分析自己及其他人
C. 及時改正自己的不理想態度和舉動
D. 確立自己做得理想的行為舉止
E. 即時應對當下的困難或危機
F. 有良好的人際網絡，做事得心應手
G. 揭開自己這個「謎」，有助於計劃自己的人生

什麼時候自我反省最好

A. 越快越好，越早越好。
B. 可以在發生事情之後馬上自我反省，或在發生事情當日晚上自我反省。
C. 在一些相對不著急或可等待的事情上，可能會幾個月甚至一年之後才自我反

省，但這也比完全不反省為好。

如何達到自我反省的效果

A. 反省自己的行為對別人的影響。

B. 分析別人的行為對你及其他人的影響。

C. 思考最理想的行為模式，此乃建基於人與人之間公平對待和互相尊重的價值觀。

D. 你或許不能改變別人，但你一定能改善自己。

在學習自我反省的過程中，慢慢可以揭開自己神秘的面紗。在進一步探討自己的前意識和潛意識時，同時學懂自己做得理想和不理想的地方，智慧叢生。

自由的小秘密

如果你經常反省，若干年後的某一天你會發現不再需要自我反省也能說話動聽，行為舉止得體，朋友遍天下。所以越早開始反省，便越早可以修成正果。

3.

打倒情緒惡魔

・高情商的必要性

情緒是個很討厭的東西，它能夠把你帶上天，亦能夠一下子把你從天上摔到地上。一個人如果常常受到自己情緒的影響，他很難有效率地工作，很難做自己想做的事。結果是，什麼也沒有做，但是很累。

情緒涉及有意識的思想，它與你的性情、性格傾向、當時的心情和個人動機緊密連繫。你會因為一個喜歡或不喜歡的事情或結果而令情緒受到牽動，或會擁抱一個人，或會拳打一個人。

情緒所帶來的壞處

A. 在正、負面情緒的衝擊下，我們很難作出理性的判斷，容易衝動行事。

B. 因為正、負面情緒的影響，我們無法專心，因而減慢工作或學習進度，並增加出錯機會。

C. 情緒帶來生理上的反應：心跳加速，血壓上升，肌肉拉緊。長期的過度亢奮或焦慮會引致失眠、胃痛、偏頭痛。

D. 醫學報告發現負面情緒會減低人體免疫力。

E. 根據英國認知行為治療師珍・佛蘭明的報告，如果你情緒低落、悲觀、抑鬱，你會感受到比平常人多百分之四十五的痛楚，因為大腦裡的血清素含量低，不能幫助減低痛感。

情緒所帶來的好處

A. 情緒如果在面部表情表現出來，可讓別人知道我們的感受。

B. 情緒可以幫助我們生存，例如在火災的時候，焦急的情緒會迫使我們趕快找出逃走的路線。

C. 適當抒發負面情緒如恐懼、憂傷、憤怒，有助於生理及心理上的協調，保持健康。

假如能好好控制我們的情緒，情緒能帶出以上的好處和避免不良的影響。

怎樣算是高情商？

情緒商數（情商、EQ）是一個控制情緒能力的指數。在控制情緒的時候，要先認識清楚自己的情緒，控制情緒，以及控制情緒所帶出的思想和行為。

情商由美國心理學家彼得・薩洛維於一九九一年首創，至一九九五年丹尼爾・高爾曼把它發揚光大，並認為它有可能比智力商數（智商、IQ）更重要。

根據丹尼爾・高爾曼的定義，情商由五個部份組成：

A. 自我察覺：察覺自己的情緒。

B. 自我規範：積極控制自己的情緒。

C. 自我激勵：積極鼓勵自己完成目標。
D. 同理心：感受到他人的情緒和反應，顧及他人感受。
E. 社交技巧：建立團隊精神。

但遇到重大打擊時，要顯示有高情商，其實只需要三個步驟：

A. 冷靜：避免受情緒影響，因為情緒只會令情況更亂。
B. 尋求解決辦法：以現有的資源和時機，尋找一個至幾個解決方法，再把這些方法加以比較，然後作出決定。
C. 以宏觀角度看世界：以整個人生出發，以整個世界出發。不只看眼前利益，並認為所有挫敗都有它的正面，正向思維。

譬如金融風暴突然來臨，你的股票價值迅速跌了一半，而且你估計會再跌。這時你便要冷靜考慮是否止蝕離場，是要一次性全部沽出還是分段沽出這些股票。根據你的高情商，你知道這只是你人生的一個波折，你止蝕後仍可保留一半財力（比起全部都蝕了好），而且你還有賺錢的能力，可以在往後作儲備。

又譬如大學入學試成績公布那天，成績考得不理想，這對學生也是一個衝擊，但我們要冷靜考慮選擇重考大學入學試、修讀副學士或文憑課程，還是工作。根據你的分析，你知道自己沒有盡力，所以考得不夠好，於是選擇重考，並作出適當部署，兼顧時間管理的因素，全力以赴。又或者是你已經盡力了而且你情商高，知道讀書只是人生的一部份；在互聯網的世代，幾乎沒有事是不可能的。於是你選擇先工作後創業。

最典型的高情商例子莫過於以下：

鐘太太發現丈夫有了三年的外遇，大受打擊，終日悶悶不樂。一天，經過理性詢問之下，發現丈夫和他的情人在一起時遠比和她在一起時快樂。確認了這點之後，高情商的鐘太太於是收拾心情，決定作出讓步，退出三角關係，成全丈夫和他的情人。她知道喜歡一個人的最高境界是要可以讓他走，讓他快樂，而且當對方已經不再愛自己時，自己和他在一起也沒有意思。

上面說的都是高情商在發生負面事件時的作用，其實在好消息公布的時候，我們也需要高情商。

威麟中了八百萬彩票，歡喜若狂，告訴了他的家人及所有朋友，然後很多人問他借錢，他不好意思拒絕，結果人家借了錢又去如黃鶴，最後只剩下一萬元給自己。如果他不是這樣亢奮，他應該可以更好地運用這筆資金。

倩婷考進了心儀的大學，忍不住在臉書炫耀一番。這令很多考不到大學或進不了心儀大學的同學很難堪，甚至憤怒。結果決定不再和她來往。假如她不是這樣囂張，她的朋友不會離開她。

高情商的好處

A. 健康：免於情緒對自己的影響，減少負能量，增強免疫力。

B. 工作：適時應對危機，關顧整體利益，維護公司名譽和形象。

C. 家庭：給予配偶和孩子安全感。

D. 人際關係：被人認為是講道理和可信任的人。

如何訓練自己變成高情商的人

A. 學習訓練和控制自己的情緒。

B. 學習理解別人的情緒和處境，細心聆聽別人說話。

C. 觀察情商高的人，看看他們是怎樣控制自己的情緒和處理危機。

D. 科學家愛因斯坦：遠離負面的人，他們對每一個解決方法都不滿。

高情商小練習

事件	**你想說的話**	**高情商時所說的話**
晚飯時，兒子不小心把一碗熱湯弄翻在地上。	你找死嗎？是不是不想吃飯了？	怎麼了，兒子？有沒有燙到了？
你女朋友說要和你分手。	他媽的！是不是那個姓張的整天找你？我去揍他一頓！	我知道我們之間最近有些問題……要不我們再給大家一次機會？

老闆生氣地說：你這樣也想不到，你的腦長在哪裡了？外面很多人排隊等著你這份工作！	你這沒良心的！虧我平時還那麼努力工作。你他媽的沒有說，我怎會知道？	不好意思，我這次沒想到。

自由的小秘密

高情商的父母，極可能培養出高情商的子女。情商是一個可以教育的課題，應該由中學開始融入學校的課程。

・男人要哭

在我們的教育中，抑壓情感是重要一環。因為中國人實行集體主義，並不重視個人的感受或情感。在兩性當中，女性哭泣還算是普遍，男性的情感抑壓問題則比女性嚴重得多。這裡我專門講一下男性哭的權利。

在公共場合，小男孩哭，父母會叫停，因為會引來奇異目光或會騷擾他人。到中學，男孩子選擇不哭，因為他們以為哭表示弱者、表示輸了。到談戀愛和工作的時候，他們更不會哭，因為要保持男性的強者形象。

我覺得所有會哭的男人，都是漂亮的，因為他們那一刻是呈現了自己最真實的感情，而且是對你非常信任，才會把自己最真實的一面暴露於你面前。如果有男人在你面前哭，你應該覺得很幸運，因為我肯定他不是對每一個人都這樣的信任。

男人哭，他肯定也是把自己的面子和男性形象擱在一邊。而那一刻他認為最重要的，是要讓他的情感流露出來。這種男人非常有智慧，因為這是一種自救的方法，平衡自己心理，疏泄自己不快的情緒，然後才可以繼續正常生活。

既然男女平等，為什麼哭好像是女性的特權，女性不快樂很容易就通過哭來抒發自己的的感情，而男性哭就被視為是奇怪或不堅強？

美國前總統歐巴馬在全球電視上也哭過，而傳媒給他的評價是非常正面的。二〇一六年歐巴馬在宣布美國槍械管制措施，以制止槍械暴力時，在提到康涅狄格州紐敦桑迪胡克小學校園槍擊案的二十名死者才不過是小學一年級學生時，不禁流下男兒淚。他在情緒激動時低頭停頓不語，嘗試抑制自己的情緒，但眼淚還是劃過了他的面龐。他說：

「每次想到這些孩子，我都會感到悲憤。」結果他這麼一哭令他的演講更有感染力。

要男人在別人面前哭，真是一件不容易的事。他要排除萬難，才能讓自己真誠的感情赤裸裸暴露於他人面前。這需要超越某些傳統價值觀，需要一些勇氣，需要開明的思想。

我非常珍惜會哭的男人

另外一個場合，副總裁要離開我們這個大家庭，公司為他開了一個道別會。會上總裁和副總裁因不捨而落淚，畢竟他們一起緊密地共事超過十年，合力把一家四十人的中小型公司變成現在的超過三百人。我們看見兩位年紀都已半百的總裁落淚，也難免傷感。但我們看到的，是兩位老闆都有著人性化的一面，而且都很真誠、坦白、也有感恩之心。我們對老闆又加了分，難怪都沒人願意離開這家公司。

葡萄牙足球運動員基斯坦奴・羅納度（C羅）作為國家隊隊長，他的鬥志很強，希望贏得每一場比賽。如果是因為自己或隊友的過失而錯過入球機會，導致輸掉球賽的話，他會不甘心而哭，因為他認為團隊沒有打出應有的水平。而C羅於二〇一三年卻因為另一個原因而激動落淚：他第二次奪得國際足協金球獎！

以色列特拉維夫大學進化生物學家哈森說，哭泣是一種人類高度進化的行為，只有人類才有真正意義上的哭泣。

男人哭的原因

A. 抑壓太久的情緒，在一刻崩潰。

B. 不介意在信任的人面前表露自己的情感。

C. 經過多年的艱苦努力，終於獲得成果或被外界認同。

D. 壓力太大。

E. 捧腹大笑得太厲害，由笑變哭。

F. 有些男性因其性情和性格取向，較容易以哭來表達自己情感或情緒。

傳統社會對男性的期望，較女性為高。但在二十一世紀的今天，男女性別分工已平等，男性不應給自己太大壓力，而男性應和女性同樣有哭的權利。

哭的好處

A. 減輕心理壓力和焦慮：一般人在哭泣後，情緒強度會降低百分之四十。
B. 透過哭泣，讓自己從悲傷中恢復過來。
C. 認清當前的情緒和難過的程度，清理情緒。
D. 在別人面前哭，可以得到安慰和鼓勵。
E. 你哭泣時陪著你的人會感覺到你對他的信任，覺得雙方可以成為好朋友。
F. 抽泣時會快速呼吸空氣，清涼的空氣會降低大腦溫度，使我們思維更清晰。
G. 哭泣時，身體會釋放催產素和內啡肽。這些化學物質能幫助我們減輕情緒和身體上的痛楚。
H. 美國明尼蘇達州生物化學家發現，壓力所產生的眼淚可以去除人體毒素，同時讓精神得到鬆弛。
I. 研究顯示，眼淚中含有溶菌酶，能殺滅細菌。
J. 哭完之後，眼睛得到眼淚的滋潤，視覺更清晰。

哭泣發洩完情緒便夠。如果哭泣時間過長，反而會較易患上抑鬱、焦慮、或其他情緒病。另外，因為人的胃腸機能對情緒敏感，哭泣時間過長會令胃的運動減慢，胃液分泌減少，影響人的食慾，甚至引起胃病。

自由的小秘密

不管男性或女性都應該帶著眼淚和歡笑成長。今天的眼淚是為明天的歡笑作準備。

‧當結婚變成壞事，破產變成好事

我們經常都只會看到事情的一面，譬如我們會認為結婚、升職、中彩票是好事，而離婚、被裁員、破產是壞事。但其實凡事都有正負兩面，是好事或壞事要視乎整件事的發展過程。

譬如在大城市，一般的離婚率大約是三分之一，所以在結婚的時候雖然非常高興，但可能已經埋藏了一個炸彈：對方並不能和你終老。而升職的理由可能是要加重你的工作負擔，所以名銜上可能是好聽了，但是因為你的工作責任比之前重，所以你要犧牲家庭生活和個人健康。至於中彩票，當然是好事，因為你有不勞而獲的金錢。但有人在中彩票後揮金如土，結果最終要貧窮終老。所以一般被認定為「好」的事，其實可能是一個計時炸彈。

離婚給人的感覺，是充滿負能量。但不少人在離婚之後找到真愛，給予了自己重生的機會。被裁員聽起來也是不好聽，但不少人被裁員後找到了自己的夢想，隨後的日子都是按照自己的心意和創意去完成自己的夢想，真正活出自己的天賦和光彩。破產當然也是很糟糕的，但在破產期過後可以清理壞賬，不少人更重新建立起自己的事業和未來，重新寫自己的歷史。而在破產期間你更可以認清誰是你真正的朋友。以上一般被認為是壞事的事，看來也不太壞。

人不到人生的盡頭，不會知道一件事到底是好事還是壞事。假若我們時刻能夠以客觀的心態和冷靜的態度去處事，當好事變成壞事的時候，我們不會束手無策；而當壞事變成好事的時候，我們亦會有感激之心。

以下的「好事」有什麼負面因素？

A. 我將會嫁入豪門，豐衣足食。
B. 孩子做了童星，在學校很受歡迎，父母的收入亦增加。
C. 我做了網路紅人，臉書有二十萬粉絲。
D. 以公司的名義跟銀行借貸，我的企業王國越來越大。
E. 我做了演員，開始在電視上出鏡。
F. 經過辛勤地工作十年，我終於存夠了頭期款在香港買一個劏房豪宅。
G. 我做爸爸了！
H. 我做媽媽了！
I. 父母願意借錢給我創業。
J. 我買的股票升了兩倍。
K. 我的「女神」願意做我的女朋友。
L. 這次考試，我考第一名。

以下的「壞事」有什麼正面因素？

A. 父母總是偏愛哥哥，不理我。
B. 我在地鐵車廂內遺下手機，找不到了。
C. 爸爸病重。
D. 我旅行遇上車禍，受傷了。
E. 媽媽因為網上情緣騙案，被騙了一百萬。
F. 我和姊姊的感情很差。
G. 弟弟離婚了，要搬來和我住。我家只有一五〇平方尺。
H. 我的寵物貓死了。
I. 我長得不漂亮。
J. 在我的婚宴上，發生火警。
K. 我覺得我唱歌很好聽，但總是沒有人賞識。
L. 老婆有外遇。

假如我們知道所有發生在眼前的景象，都只是一件事的其中一種形態，或是一個過程的其中一個片段，這樣我們便不會為某一件事的某個形態太著緊，亦不會為這個形態而牽動太多情緒。這樣便能夠做到思想自由。

自由的小秘密

你和我都能明白：眼前看見的，都只是整個故事的其中一幕。

4. 如何塑造自己的性格

▪你不認識自己

如果你不認識自己，如何達至思想自由？

希臘哲學家亞里斯多德：認識自己是智慧的開始。

澳洲女演員東妮・歌莉蒂：你越認識自己，你和世界的關係也會越好。

香港武打影星李小龍：一定要做回自己、表達自己、相信自己。不要模仿任何成功人士。

美國影星愛瑪・史東：當一個人可以做回自己，她是最漂亮的。

蘋果創辦人史提夫・賈伯斯：你的時間很有限，不要跟著別人的思想行事。最重要是你要有勇氣跟隨自己的心意和直覺去過你自己的一生。

當你認識自己之後，你明白自己是獨一無二的。你知道自己是有價值的，你亦知道自己在世界上的存在價值。

認識自己之後，還要坦誠地將自己思想表達出來，否則周圍的人不知道你的需要，也不會作出配合你的行為。假如人可以互相配合、互相支持和鼓勵別人的選擇，那麼這個社會便可以百花齊放，人才輩出，欣欣向榮。

認識自己，是人生最艱難的一個課題，但也是最重要的。只有當你認識了自己，才可以為自己計劃未來，及在人生中作出適合你的抉擇；否則，你作出的任何決定都可能是錯的。

中國人的社會，奉行群體主義，以群體利益為目標，個人感受、權利、自由和理想經常被忽視或蔑視。

個人主義，則源自於西方國家，重視個人感受、權利、自由，和尊重每個人都是一個獨立個體。在個人主義下，每個人可以表達自己的感受，實現自己的夢想，同時亦尊重別人的感受和夢想。

在中國人的社會，要認識自己，首先要有一點任性。你要告訴自己：認識自己是你的首要任務。不認識自己，便不懂如何愛他人，亦不能確立自己在社會的位置。

如何開始認識自己？

一個人要留意到自己的性情、喜好、專長，才能初步認識自己，繼而發展自己，然後在無數個實驗中確認自己。

我是一個怎樣的人

A. 自我評價：認清自己的強項和弱點。

B. 自我反省：常常在事情完結之後自我反省，客觀審視自己是一個怎樣的人。

C. 回想父母、老師、老闆、朋友對你的評價，這些評價正確嗎？

D. 閱讀心理學參考書，嘗試了解自己的性情和性格。

然後在往後的日子嘗試不斷改善自己，擁抱開明的價值觀，讓自己變成一個越來越有修養和高質素的人。

確立自我發展方向

A. 回顧自己大、中、小學時的所有學科或課外活動。有沒有一項你是非常喜歡或能夠做得很好的？

B. 主動參加文、理、商、音樂、體育、常識等不同領域的課程，看看有沒有一些領域你是有興趣的？

C. 留意自己有沒有「特殊技能」。譬如我有學生十秒鐘可以把扭計骰（旋轉方塊）回復六面顏色，有學生是香港跳繩代表隊成員，有的是吹口琴或彈琵琶的天才，有的演技、口才特好，亦有跆拳道專家。

D. 回憶父母、老師、老闆、朋友對你的評價。有沒有說那一樣是你的強項？

E. 你喜歡現在的工作嗎？多和不同行業的人溝通，了解不同行業的特性，看看有沒有一個行業是和自己性情相近的。

如果確認了自己擅長的學科或領域，便可全力向著那個方向發展。

全速發展自己的強項

A. 報讀有關領域的基礎、高級或深造課程。
B. 進入有關領域的公司工作。
C. 閱讀有關領域的書籍、期刊和雜誌。
D. 在網路上參與有關領域的討論。
E. 到外國參加有關領域的交流團。
F. 多和有關方面的資深人士討論和交流。

當自己也成為這方面的人才時，便可以考慮：

A. 升上管理層或轉工，以便更好地發揮自己的長處。
B. 創業，以建立自己的品牌（但相對風險亦較大）。
C. 提供有關領域的訓練課程。

D. 寫部落格、寫專欄，以分享自己的專業知識和經驗。但仍需要不斷強化自己在這方面的知識，並且與時並進。

認識自己的好處

A. 高自尊：明白自己是獨一無二的，價值隨之而來。

B. 安全感：可以穩妥地安排自己的未來。

C. 自信：與人溝通時變得自信。

D. 自我價值：認識自己的強項，重點發展自己的強項。

E. 為人謙卑：知道自己的弱點，嘗試改進。

F. 滿足感：知道自己可以怎樣更好地貢獻社會。

G. 幸福感：找到適合自己性情和性格的配偶、伴侶。

H. 責任感：懂得如何幫助子女認識他們自己，以及找到他們生命的意義、發展的方向。

不管你是一個怎樣的人，都希望你可以認識自己，並不斷成為一個更優質的人，在社會發揮作用，「天生我才必有用」。

自由的小秘密

認識自己的人，都知道自己在家庭、公司和社會的位置，並能在這些崗位更好地發揮他們的作用。

．承認自己的弱點

披頭四樂隊約翰．連儂：最難的事情是面對自己。

美國作家西蒙．斯涅克：真正的力量，來自於我們承認自己弱點的勇氣。

在認識自己之後，便能總結自己的弱點。

如果我們能承認自己的弱點，即是能接受自己。

當你能接受自己的時候，你才會愛自己，珍惜自己。從而慢慢懂得如何去愛別人。

怎樣才算是承認自己的弱點（例如遲到、自私、自大、自卑）。

A. 明白問題發生時的時間、地方和原因。

B. 承認自己做得不妥當的地方。

C. 向相關人士道歉（如需要）。

D. 決心改過。

如何改善這些弱點？

A. 深切了解自己問題的起因和背景。

B. 建立正確價值觀，不停在腦中提醒自己這些正確的價值觀。

C. 決心改過，預防自己重犯。

D. 請家人、朋友幫忙提醒自己，不要重犯。

怎樣才算是接受自己不能改變的「弱點」？（例如樣貌、身形）

A. 承認它發生在自己身上，而且不能改變。

B. 同意它對自己的不良影響（So what？）

C. 再高層次，是能夠以自己的「弱點」開玩笑。

如何接受自己不能改變的「弱點」？

樣貌

美醜沒有標準。假如你認為自己長得醜，沒有異性緣，你必須要相信一個人是否漂亮在於他的內在美，而並非外在樣貌。就算再漂亮的人，如果他貪心、妒忌、心懷不軌，他的嘴臉也會將他內心的醜惡反映出來，「相由心生」。如果一個人不漂亮，但是他內心非常善良、性格單純，而且樂於助人，則他的樣貌和表情也會反映他內心的美善。所以如果你長得不漂亮，你必須要善良。假以時日，必定會有人欣賞到你的內在美。

假如你長得漂亮，這也可能是一個弱點。因為你會有太多追求者，他們會把你煩得要命。而且追求者之間會互相妒忌、報復，你夾在他們之間要解決很多糾紛、爭執，甚至打鬥。也因為追求者多，難免你會把他們的名字叫錯，或者忘記和誰去過哪裡，這亦會引來不滿。長得漂亮的人，也必須要善良，因為童話裡善良的人都長得很漂亮。不要讓大家失望。

身型

你可能會覺得長的矮、太瘦、太胖，都是弱點，其實這都可以通過服裝搭配來轉移他人的視線。例如長的矮不建議穿連衣裝，除了穿有高跟的鞋，你還可以戴帽子。太瘦的話，就可以穿寬身的衣服；太胖的話，就不建議全身都穿寬身的衣服，應該穿較貼身的褲子和寬身的上衣，上衣蓋著臀部。

還是那一句，內在美勝外在美。

自由的小秘密

能夠承認自己不能改變的「弱點」，接受現實中的自己，並以正面的態度看待，自然能有思想自由。

・重新塑造自己的性格

英國作家愛美莉・勃朗特：別人不一定記得你說過的話，但他們一定記得你的態度。

英國小說家愛娜・利安：個性不能一刻塑造，而是需要日積月累。

根據心理學家研究，人天生不能改變的性情大概佔百分之二十，而可以塑造的性格則有百分之八十。即是說我們可以把自己的性格改造成想要的那種。這是個好消息，因為性格改變命運。假如我們把自己的性格完善化，那麼我們的命運也應該會不錯。這裡我專門說說如何塑造自己的性格。

如何塑造自己的性格？

理想性格的好處

A. 朋友多，人際網絡強大，做任何事都有朋友提攜。

B. 工作機會多，升職快。

C. 有異性緣，追求者眾。

D. 善解人意，值得別人信任。

E. 受群眾歡迎，容易集合粉絲。

F. 相由心生，樣貌也會變得漂亮。

廣泛閱讀

法國哲學家培根：閱讀令人格完整。

知識就是力量。閱讀始終是在最短時間之內獲得最多知識的最有效方法。閱讀不但能增進知識、穿梭古今、超越文化界限，最重要的是它能令你思考和反省。培根：閱讀的時候要自我反省，否則就像進食而沒有消化一樣。我們將書本的內容對比自己當時的狀況，能有所借鏡和起警示作用，亦有抒發情感或引起共鳴的效用。

培養良好習慣

在我們兒時，家人已經幫我們培養了很多習慣。例如：上廁所的程序、洗澡時的步驟、由早上起床到上學期間要做的先後次序、以及睡覺前要做的事。

在學校我們學習守秩序的習慣。在課室、操場、圖書館、音樂室和教堂，都有不同的秩序要求，我們學懂了排隊，學懂安靜。

長大了到我們自己要為自己培養好習慣的時候，我們學會了懶床、遲到、抽煙、講粗口[1]、晚睡、襪子周圍飛、碗碟不洗堆滿廚房……

培養良好習慣不只是要改善以上的習慣，還要培養好人與人之間的良好習慣，例

[1] 粗口是香港用語，髒話的意思。

如：久不久問候你的朋友，借了朋友的東西要盡快還。在社會層面上也應培養良好習慣，譬如：坐地鐵應該先讓離開車廂的人下車你才上車，買票要排隊等。

文化修養

當你新認識一個人，第一是看他的樣貌，第二是看他的文化修養。文化修養包括禮貌、身體語言、說話態度，是需要長時間浸淫的。

如何提升文化修養？

A. 第一步應從小培養孩子有禮貌，例如常常說「多謝」和「對不起」，以及禮讓。
B. 多跟孩子說故事。小學後，讓孩子多看故事書、小說，多創作手工藝品。
C. 長大後引導子女學習欣賞音樂、話劇、藝術表演和作品，以及培養對美學的追求。
D. 態度謙虛、寬容。
E. 尊重別人，顧及他人感受。
F. 提升情緒商數。

G. 到世界各地旅遊，探討及欣賞其他民族的文化。

逆境能力

逆境自強是一個人最大的能耐。假如你能在逆境中生存下來，將來應該沒有什麼事可以難倒你。

逆境自強所需的能力是堅強、勇敢、獨立、自信、毅力、和果斷決定。

如果你在公司的裁員潮中被辭退了，而你又要繳房貸及供孩子讀書。這時你需要的是冷靜地想辦法如何找新的工作和應付每個月的支出。假如你沒有儲蓄的習慣，你可能要果斷決定是否與銀行商討解決房貸的辦法，還是向家人朋友借錢，還是兩者都嘗試。你必須要獨立和勇敢，因為你要解決當前的問題；你亦需要堅強和毅力，因為這個問題可能持續一段時間。

逆境能力應該從小培養，家長不應過份保護孩子。家長可以讓孩子在安全的範圍探索周圍的事物，這是讓孩子探索逆境和面對環境的第一步。

自信與謙虛

自信，是相信我們能做得到，相信我們有價值。自信來自我們表現得比較好的範疇，例如校內歌唱比賽冠軍，代表學校參加校際籃球比賽，作文成績高分，數學第一名，有一個專業技能，賺錢比同輩多，在臉書有十萬粉絲等。假如沒有自信，必須要尋找出你能夠做得比較好的領域，必須先了解自己，然後作多方面嘗試。假如你已有自信，小心這自信會變成自大。自大的人容易看不起別人，所以不會受人歡迎。

謙虛是一個人的寶庫。一個謙虛的人容易被別人接受、認同、和欣賞。世界拳擊組織超蠅量級世界冠軍曹星如是一個非常謙虛的人。縱然他在擂台上勇猛地作賽，台下的他卻是一個非常溫文爾雅、害羞、謙虛的大男孩。我第一次和他談話時，無法想像一個西洋拳拳擊手是這樣的害羞和謙卑。這是大家都非常喜愛他的原因。

如果可以有自信但又謙虛，像曹星如這樣，則我們的人際關係會非常理想，別人會給予我們不同類型的機會，而我們可以通過這些機會探索自己和發展自己的潛能。

如何做到自信但謙虛？

A. 認為別人總有值得自己學習的地方。

B. 經常認為自己有進步的空間。

C. 明白在宇宙萬物中，人類其實非常渺小。

好奇心

好奇心是生命的原動力。一個人如果沒有好奇心，很難有生存的目的和意義。學習、工作、創業、實驗、旅遊、擇偶、交友，全都是因為有一顆好奇心。我們的好奇心越大，收穫和進步便會越多，自信會增加。

好奇心是與生俱來的本能。嬰孩一出生便對他周圍的環境感到好奇，顏色、聲音、移動中的物品，都可以引起他們的注意。在沙灘玩的時候，他們又會對沙、海水、貝殼、有殼類小動物產生興趣。到上學的時候，會對不同學科和活動產生興趣。到青少年的時候，會對異性產生興趣。到有錢的時候，會對攝影、音響器材、汽車、遊艇這類非必需品產生興趣。

好奇心是不用教的，你有就有，沒有便沒有。一個好學的人，好奇心會比較強。你好奇了，便會去尋找答案；在尋找答案的過程中，你會得到智慧。

好奇心重要的原因，是它引導我們探索這個世界，同時也令我們知道如何保護自己，是生存的必要元素。

正義感

正義感是你看見你認為不公平或不對的事，你會出聲或有所行動來表示你的立場。正義感與你的道德標準緊密連繫，而我們知道道德標準是每個人都不一樣的，所以正義感做出來的事是否會被認同，這個很難說。

正義感可以是一項很吸引人的個人因素。在電影裡我們看見一位女孩子被一群惡棍欺負，這時候有一位男孩子出現並救助了這位女孩子。這位女孩子很容易便因為他的正義感而愛上了他。現實生活原來也相差無幾。我對一位追求者本來沒什麼感覺，但有一次他出於正義感擺平了一件事，令我印象深刻，後來便和他拍拖了。

領袖最好要有正義感。例如：老闆要對員工有正義感，不要刻薄員工；老師要對學生有正義感，不要以老師的權威來欺壓學生；父母要對孩子有正義感，不要以為自己是父母就可以控制子女。而人類作為地球演化層次最高的靈長類動物，亦應該對其他物種有正義感，不應肆意殺害牠們或破壞生態環境令牠們數目大減或滅絕。

如何培養正義感

A. 從小有對錯的概念，例如：甲同學搶了乙同學的玩具之後，還打乙同學。這便是甲同學不對而且過份了。

B. 有公平的概念，認為人不應該因為年齡、性別、膚色、種族、性取向、宗教信仰，而受到不公平的對待。

C. 察覺到攻擊方對被攻擊方的言行舉止屬於過份。

D. 有勇氣指出不公平的事，並參與所需的行動。

感激之心

一個懷有感激之心的人，他一定是漂亮的。不論是嘴巴說出來或行為表達出來的感激之心，對方都會感到高興和欣慰。

一個人如果有感激之心，他明白別人對他好不是必然的，而且他會珍惜對他好的人，並覺得自己是個幸運的人，潛意識會想做好自己來感激對方。他這樣的想法會鼓勵更多人關心他和對他好，然後他心中自然會充滿愛。當他心中充滿愛之後，他又會有能量去關心和愛其他人。就如報紙所報導的，一個病人在接受了陌生人捐贈的肝之後，公開感激這位陌生人，並打算在康復後做義工服務其他病人。

如何培養感激之心

A. 明白自己本來不是理所當然地得到對方的幫助，或得到對方這麼多的幫助。

B. 知道對方沒有義務或責任要幫你或幫你這麼多。

C. 感激對方心地善良或品格高尚，所以幫助你。

D. 了解對方出發點是為你好，而且提供了一個適合你的方法來幫你。

訓練自律

自律是一個人成熟的表現，他能在生活及思想方面獨立，並且好好管理和照顧自己。一個自律的人會對自己的作息時間、飲食習慣、社交活動、及財政收支平衡，有所考慮。他不會受到別人的影響而作出一些傷害自己的事：例如酗酒、吸毒、或借高利貸等。一個自律的人是愛自己的表現。

自律的好處

A. 獨立自主，增加自信。

B. 主動學習，勤奮不懶惰。

C. 遇到困難時堅強面對，情緒較穩定。

D. 懂得按事情的緩急先後來處理。

E. 刻苦耐勞，先苦後甜。

F. 身體和精神較健康。

G. 擁有個人魅力，也可能成為別人的榜樣。

H. 潔身自愛，受人尊重。

I. 一般自律的人都是有目標的人。

幽默感

幽默感是一個人的寶石。他能夠看到生活中幽默的地方，亦能自製幽默讓別人快樂。幽默感能帶起團體的歡樂氣氛，也能產生破冰之用。

幽默感是創作力，創作人要把某種特定文化、語言，按照受眾的理解能力，選擇一個出乎意料之外的時機，然後用他創作的方式表達出來。有幽默感的人永遠都受人歡迎，因為人的本能就是要快樂。

如何培養幽默感

A. 有些人的性格就是不願意或不懂幽默。要有幽默感，首先要把自己改變成為喜愛笑和喜愛幽默的人。

B. 要有想像力和創造力，超越邏輯。

C. 要有趣味性，不把事情當真。

D. 練習說故事的技巧，可加入適當的表情、語氣和說話節奏。

E. 語言精簡，幽默是重點。

F. 向幽默的人或脫口秀主持人學習。

G. 如果功夫未到家，最好不要急於表現你「幽默」的一面，因為這可能會傷害別人，也極可能會令你看起來像個笨蛋。

H. 有些領域不適宜作幽默的題材，例如：種族、宗教、民族禁忌等，也要看當時的環境和情況，以及自己的身份和受眾的身份。

總結

不是每個人都希望自己有理想性格，也不是每個人都對自己要求高，因為這是一個艱辛的過程，需要付出很多思想上和行為上的努力。也許這就解釋了為什麼只有極少數的人可以獲得真正的快樂。

自由的小秘密

只要有想改善自己性格的決心，什麼時候開始都不會遲。

Part 2

財務自由

財務自由給予你生活自主權。你可以追夢去了！

1. 財務自由與我何干

▪我不喜歡錢，所以我要努力賺錢

假如你不是來自外太空，而你打算繼續在地球定居，那麼看來財務自由是不可或缺的。當然你也可以獨自住在亞馬遜森林或撒哈拉沙漠裡，但你必須要懂得打獵及很多求生技能。否則你會很容易中毒、受傷、患病或被動物咬死。

地球上的人類組成不同的國家，不同的國家有不同的貨幣，而貨幣之間有一個兌換率。簡單來說國家之間用錢來進行交易，來獲取其他國家的資源及產品，而人民就工作賺錢來購買本地或外來的產品。

人們常常理所當然地認為工作賺錢是人生的唯一目標，因為錢可以換取各樣產品。

他們以為錢是越多越好，於是不停工作賺錢，直到自己年紀老邁。

其實錢只是一種工具，這種工具可以令你換取不同的服務和產品。但錢不能令你買到真正的幸福和快樂，它只能幫助你感覺幸福或快樂。

假如我們做了錢的奴隸，則會錯過精彩的世界及扭曲生命的意義，一生人窮得只剩下錢。現今世代有投資的概念和機會，我們需要利用這種智慧產生足夠的被動收入，從而可以把自己騰空出來，認識自己及尋找生命的意義，並且以自己的方式貢獻社會，使自己生命更加充實、更加精彩。所以雖然我不是很喜歡錢，但是我要努力賺錢，以便快點有財務自由，然後便可以選擇不用再賺錢。

要搞清楚的是，我們的人生目標是要發現自己，從而得到自由和快樂，而金錢只是幫助你達到這個目的。當你有足夠的被動收入，你便可以選擇停下來。整個世界的錢，你是賺不完的。不要貪。

・財務自由的定義

財務自由的定義是：你不用工作也可以用穩定的被動收入來支付你的日常開支。

假如你每月的支出是一萬元，而你的被動收入是一萬元，那麼你便有財務自由。而財務自由所訂的目標，每個人也不一樣。有的人覺得不用工作之後，反而會因為時間多了而增加興趣、旅遊或其他方面的花費，所以會覺得每個月的支出大概是兩萬至三萬，那麼他的被動收入也需要有兩萬至三萬。所以財務自由的目標是視乎你想要一個怎樣的生活水平。

假如你有財務自由，你可以選擇工作或不工作，而你工作的目的是為了興趣和理想，不是為了生活。財務自由給予你生活自主權，你可以選擇你想要的生活方式，選擇你想要的工作模式，追尋你的夢想，亦可一嚐從未做過的事。

什麼時候有財務自由，這和年紀沒有關係。

・什麼是穩定的被動收入

A. 長期可收取的租金。
B. 長期可收取的股票利息。
C. 銀行存款的定期利息。

D. 某些保險收入。

E. 拍電影和創作歌曲等所得的版稅。

F. 來自部落格或網站的廣告收入。

G. 退休金。

H. 逆按揭（把已繳完房貸的物業抵押給銀行，然後每月收取一定的款項。銀行按照房價付完錢後，便可收回你的物業。）

▪財務自由的好處

A. 無牽掛：不用再記掛發薪水的日子。

B. 不用工作：不用再受老闆氣，或同事之間的勾心鬥角。

C. 不用再等待升職加薪：升職結果或多或少都是人為的。不用再讓別人來決定自己命運。

D. 追尋夢想：做自己想做的事。

E. 思想自由：有更多時間認識和探索自己。

F. 新體驗：選擇自己想要的生活方式。
G. 周遊列國：可以全職旅遊，環遊世界。
H. 家庭樂：財務自由來得早的話，可以全職照顧孩子或年老父母。
I. 保持健康：可以經常及較多時間做運動，保持身體及精神健康。
J. 樂於助人：可有更多時間幫助別人，貢獻社會。

自由的小秘密

擁有財務自由不等於發財了。財務自由是你不用工作也能保持一定程度的生活水平，但不是過奢華的生活。

2. 如何達到財務自由

要開啟財務自由之門，你首先要意識到財務自由的重要性。不是每個人都意識到它的重要性，因為財務自由這個概念是最近二十年才興起的。年輕人覺得財務自由離他們很遠，中年人想努力追尋但已顯得有點晚了，老年人想也不用想了。

我的感覺是，財務自由這個概念將會持續興起，而且會成為每個人必須考慮的課題，因為人的需要是想保持優質的生活質素，同時亦可對自己的生活方式有自主權。

要盡早獲得財務自由，最好在你工作的第一年開始計劃。如果你有這個目標，一切儲蓄和投資都會變得更有力量。以下是一些經驗分享。

▪開源：努力賺錢，增加現金流

我中五的時候開始幫人補習，收費很便宜；但不要看補習的錢很少，積少成多。大學的時候，除了上課的時間，我一天做六份補習，從早上八點開始第一份，到晚上十點最後一份，又再累積多一點。大學畢業之後，除了全職工作，我晚上還到不同的夜校和機構教書；週末則到各大學校外進修部修讀不同課程，以豐富自己的履歷，方便升職或轉職。基本上我是每天都安排得密密麻麻。

工作兩年後，我存了頭期款買了一個香港中西區的住宅物業（兩年後建成），這是我第一次買房。結果在金融風暴前的幾個月，我又把它賣了，賺得了所謂的第一桶金。但這個金融風暴又令我在股票投資上損失慘重。我把賣房的錢投資在金融風暴後低價的股票和基金上。

幾年後，我在投資股票和基金方面，有了一些穩定的被動收入。慢慢就沒有再教夜校了，下班後便可以回家休息。後來工資增加，股票收入也增加，又買房了。過了幾年，再買一個。

這種是打工仔的奮鬥史，不過原來這樣也可以在四十歲前獲得財務自由。

・儲蓄：減少支出

在計劃儲蓄時，你要做一個預算表，計算自己每個月的開支，然後把餘下的全部儲蓄起來。儲蓄得越多，你便可以有更多的錢來投資，然後盡早達到財務自由。

至於我當時的支出，除了交通費是一項固定開支以外，我盡量吃便宜但質素不太差的快餐，衣服我會買但多數在大特價時買，旅行我也會一年去兩次，因為旅行對我來說是一種投資，投資在自己的視野，也可以啟發自己的思維。至於住，工作頭幾年，我是和父母住的，這樣便可以省卻出外租屋的費用。

我有些朋友只是忙於開源節流和儲蓄，而忘記了儲蓄的目的，所以他們銀行存款會越來越多，但是因為沒有行動去投資，所以還是沒辦法開啟財務自由之門。

・投資：用儲蓄的錢盡量投資

傳統的做法，開源節流和儲蓄，是想改善生活。但如果想有財務自由，就一定要投資了。

為什麼要投資？

A. 在通貨膨脹的影響下，任何貨幣都會貶值。假如通貨膨脹為每年百分之三，則在十年之後一百元只值七十三元。

B. 用自己的投資智慧，可以令自己財富增值。

C. 如果投資眼光獨到，可以增加自信。

D. 投資成功，可以盡早獲得財務自由。

投資最基本的目的是要保值，抵禦通貨膨脹，不讓金錢貶值。再進一步是要增加財富，以金錢這個工具去換取我們想要的物質。最高層次是獲得財務自由，讓自己擁有絕對的自由去選擇想要的生活方式。

投資是最重要的一環，必須努力研究各項投資產品，決定哪些投資產品適合自己。投資最重要的竅門就是：不做自己不熟悉的。錢是自己的，凡事親力親為，賺錢、蝕錢也自己負責。投資者必須掌握各國政治、經濟、文化的資訊，以方便自己投資在最適合的國家、最適合的行業和最適合你的產品。不要涉及孖展[1]或有槓桿性質的投資產品，風險太高。

投資買房的好處：長期回報可觀，風險中等。

投資買房的壞處：手續繁複，需要較多資金。

投資股票的好處：入場門檻低，買賣方便。

投資股票的壞處：風險高，要常常留意股市。蝕了如果不賣，可能要長期持有等它回升（當然它亦可能一直都不回升至你的購入價）

買賣外匯的好處：入場門檻低，買賣方便，風險中等。

---

1 孖展：又稱保證金（Margin），是指以抵押來買賣證券、期權或期貨。投資者通過孖展的槓桿效應擴大投資額，希望獲得高回報，但同時損失的風險亦倍增。

買賣外匯的壞處：蝕了如果不賣，可能要長期持有等它回升。

買賣基金的好處：每月有定期收入。

買賣基金的壞處：手續費貴。

不投資的好處：可以懶惰，不用研究任何投資產品。

不投資的壞處：你不投資，也會受通貨膨脹及世界經濟週期的影響，財產貶值，人變得越來越「窮」。亦無法獲得財務自由。

要注意的是，無論何時都最好留至少六個月月薪的現金流，以作危急款項之用。

・創造資產，減少負債

A. 資產的意思是沒有負債的財產。假如你買的房子抵押了給銀行，而你需要每月向銀行繳貸款，則你的房子是一個負債而不是一個資產。當你把貸款全部還給銀行後，你的房子才是一個資產。這時你出租這個房子，你的租金（稅後）就是你的淨收入。

B. 所以，要創造資產，必須盡快清還銀行的抵押貸款。能力許可的話，盡量選擇十年期內清還，而不是三十年期，因為後者相對要每月多付很多利息。假如市場貸款利率維持在一個低息狀態，例如百分之二或以下，則可以選擇二十至三十年內清還。另外，還要留意罰息期[1]。假如貸款利率增加或抽高，你要盡快在罰息期後還清款項，或把還款年期改到十年。有些人會建議低息時期向銀行多借錢，以作其他方面的投資，但是你必須要確定其他方面的投資淨收入可以抵銷支付給銀行的利息。

C. 假如你從商，你的資產包括你的工廠大廈和各種機器。但原理都是一樣，付清貸款的才是你的資產。

D. 資產越多，可以產生的淨收入就越多。這樣，漸漸地就可以達成財務自由的目標了。

1 罰息期是香港用語。銀行為保收入，會設罰息期。若按揭貸款人在罰息期提早償還貸款，銀行會收取罰款。一般罰息期為二至三年。

．要獲得財務自由，你需要這樣的價值觀

A. 財務自主：清楚自己所有的收入與支出，並設立財務自由的目標藍圖。自己向自己負責，不管是賺錢、蝕錢，也是自己的事。

B. 投資知識：常常留意世界發生的事，不管是政治、經濟、文化、宗教各方面。熟悉有興趣投資的產品和它們的發展趨勢。

C. 目標明確：你常常會因為忙於工作賺錢，而忘記賺錢的目的。常常給予自己獨處的時刻，提醒自己努力賺錢的原因是為了更大的目標。

財務自由只是一個概念，不是每個人都覺得需要的。有的人工作到六十歲，然後便靠微薄的強積金（香港的一項退休保障政策）和老人金過活，他們覺得到了老年時仍然刻苦生活並不是問題。又有人願意做露宿者，因為露宿者本身已經有財務自由，君不見他們根本沒有任何支出，同時有社工送飯送被子給他們。但假如你想退休之後有一個比較優質的生活水平，而且可以盡早退休選擇你想要的生活方式，那麼你就要儲蓄和投資了。

在實現財務自由的過程中，千萬不要給自己太大壓力，不要給自己一個死線，也不

要給自己一個年齡限制，說要幾歲之前達到財務自由。只要努力就好，不要把自己逼瘋了。如果自己也瘋了，那麼也就不需要財務自由了。

假如你發現有些人在青年時期已經獲得財務自由，不要妒忌他們，說他們的成功是因為僥倖。假如不是含著金鑰匙出生，財務自由從來都不是靠運氣。能夠擁有財務自由的人，都是先知先覺，在年青的時候便已在鋪排自己的退休計劃，並且持之以恆，不斷學習研究投資的各樣，然後在適當的時候作出行動，大膽投入資金然後謹慎護理著自己的資產。只有真正投入資金，才會清醒地留意世界經濟的脈搏。否則胡混度日，日復日，年復年，最後年華已去，物價亦飆升。

自由的小秘密

根據花旗銀行委托香港大學社會科學研究中心於二〇一九年的一項調查，香港有百分之九的人口是千萬富翁，男性佔百分之五十四，女性佔百分之四十六。資產組合中，有百分之七十五是物業，平均每人有三個物業。要注意的是，逾半千萬富翁的財富來源是薪金收入。所以薪金高，儲蓄多，早買房，投資回報亦高。

3. 最有效的投資方法

最有效的投資方法是買房收租，因為地和可建的房屋永遠有限。房屋是最好的資產來產生被動收入。（提醒：如果你還在繳房貸的話，則你的房子還不是資產。可以的話，盡早還清銀行貸款。）

買房這個投資方法比較「昂貴」，但是最有保障。

▪投資物業的好處

A. 長期為你產生被動收入。

B. 房價及地價會升值。

C. 如在外地買房，匯價上升時可以賺匯價。

什麼時候投資物業最好？

當然是在比較低價的時候入市會比較理想，例如在金融風暴後。但住房是一個必需品，只要是你能力可以負擔的話，什麼時候都可以買，房屋長遠來說也是會升值的。你也可以考慮在你居住的城市租房住，同時在另一個國家或城市買房出租，然後以另一個城市收到的租金來抵銷或部份抵銷你所支付的租金。

·在外國買房的注意事項

A. 國家政治穩定。

B. 經濟蓬勃，失業率低。

C. 沒有嚴重種族歧視。

D. 你買的房屋不在地震帶。

E. 城市房屋空置率低。

F. 檢視當地買房的貸款利率（房子出租後所收取的租金最好能抵銷所繳付的房貸）。

G. 買房之前要簽合同及所有相關法律文件，所以你最好懂得該國語言，自己親自看一遍。

H. 你要很喜歡這個國家或城市以及這個單位。假如租不出，你也會願意來這裡住，或來這裡度假。

不要在世界最貴的城市買房，例如香港、倫敦、紐約、東京，因為這些地方的房價已經很貴，需要的頭期款很多，房貸相對也多，只是一個住宅物業便可以凍結你現時及將來的大部份資金。

・如何選擇優質物業

A. 發展商及建築公司信譽良好。

B. 地點：優質地點，交通便利，名校網，大學附近。

C. 座向：面海、面河、面山，開揚。

D. 格局：格局四正，地方比較實用。

E.　廚廁：廚房、廁所選用優質的材料及家庭電器。

F.　配套：區內配套設施齊全，包括：商場、餐廳、學校、醫院、診所、消防局、圖書館、運動設施。

．買房常犯的六大錯誤

計算錯誤

有些人辛辛苦苦儲了一筆錢，以為足夠應付頭期款，但其實頭期款以外還有很多其他費用，如律師費、經紀佣金、管理費訂金、泥頭費（建築廢料處置費）、寬頻費等。在外國買房，還可能要交外國人買房稅。如果沒有預留一筆資金支付這些費用，有可能會引致「撻訂」（所付的訂金被沒收）。所以在買房時，必須要預留資金支付這些費用，或預留一筆應急資金。

知識貧乏

我們買房的時候，往往會通過經紀去得到某樓房的資訊，但這些經紀專業水平參差，他們有些很可能只想做你的生意而不會顧及你買房的風險。用大單位呎均價比較便宜，小單位呎均價比較貴的原則來看，經紀會告訴你這個單位是全大廈最便宜的，然而他說的只是每平方呎的價錢，原來這是比較大的單位，總價格會較高，所以他收取的佣金亦相對會較高。同樣地，經紀會告訴你這個單位是全大廈最便宜的，然而他說的是總售價，那麼當然每平方呎的價錢會相對較貴。所以你必須要計算清楚，你到底需要大單位還是小單位，價格當然會不一樣。

經紀或會用威逼、利誘的方式，來迫使你趕快下訂金和簽署臨時買賣協議。什麼「手快有，手慢無」，「你即時買可以減樓價的百分之一」等。在一大群經紀和一大群有興趣買房人士的「搶房子」氣氛下，猶如打仗，你心儀的房子有機會瞬間被人搶走。在這個時候，假如你一時衝動買了一個你沒有考慮清楚的房子，你將來可能會後悔。

所以最好的方法是，與經紀傾談之前先做足資料搜集。我們不能單憑經紀給你的資料，去決定是否買一個房子，我們要非常勤力地自己去做研究，搜羅該城市或地區以及有關物業周圍環境的新聞和資料，多和別人交流，這樣你才能作一個明智的決定：買不買；如果買，買哪一個房子。

感情用事

我記得我買的第一個房子很小，景觀不大好，而且廚房和廁所的設計也比較簡單，但不知道為什麼我很喜歡這個房子，在升值五成情況下仍然不想賣，可能是因為這是我第一個房子，它證明了我的努力，也代表了我對未來的期盼。經紀和我說，「不要和房屋談戀愛」，不知怎的在那一刻我就醒了，可能是因為我當時也是失戀了，不想再和戀愛有任何瓜葛。於是我便把房子賣了，過了幾個月金融風暴來臨，樓價大跌，我避過一劫。

假如你很富有，手上有多個物業，那麼你可以感情用事，保留當中的幾個，而其他仍然可作出租用途。假如資金有限，當然就不能感情用事，因為它會耽誤你的投資計劃，影響你早日獲得財務自由。

聯名購入

在買房的時候，可能因為資金不足，所以頭期款或房貸經常是由兩個或以上的人合力支付，所以買賣合約上會出現兩個或以上的業主的名字。但是幾年後，不同業主可能對樓市前景有不同的看法，或對自己的需要有不同的打算，所以經常會出現紛爭，同一個房子，有業主想賣，亦有業主不想賣。假如你有足夠資金獨自買一個房子，就可避免這種紛爭。這種紛爭不但傷害你和其他業主的感情，也妨礙了你個人的投資計劃。

貸款過多

現在發展商、銀行和私人貸款公司都鼓勵市民為他們的房子作百分之九十的抵押，這是一件非常危險的事。雖然你需要支付的頭期款少了，但是每月要繳的房貸可能會增多。假如你失去工作或忽然有什麼意外，你便不能繼續繳房貸，也難籌借資金，那麼你的房子便會被銀行收回去。

不要高估自己能力，也不要給自己太大壓力！

沒有聘用管理公司

假如你在海外買房出租，你最好聘用一家管理公司來幫你管理你在海外的物業。他們的收費一般是每月租金的百分之十或以下。他們的服務包括幫你尋找租客，以及與租客簽訂租約。如果租客不交租，管理公司會幫你催租客。如有任何政府部門頒佈的一些法例與你的物業有關，他們也會按法例來幫你處理，你完全不用操心。當然如果你的物業位於你居住的城市，你可以自己管理你的物業而不需聘用一家管理公司。在聘用管理公司時，要確保該公司信譽良好。

自由的小秘密

坊間有不同的公司，各自宣稱能夠幫你早日達到財務自由，有的更聲稱自己資產如何由三萬元變成一億，然後在三十五歲退休。他們會邀請你參加他們的講座、加入他們的群組、或參與他們的投資計劃。小心這些「高回報、低風險」的陷阱，不要受騙。

4. 讀大學是否影響早日實現財務自由的目標

‧讀不讀大學也是天才

考大學，是很多人一生中的一個難忘經歷。你可能會奮不顧身、全神貫注、全程投入，就是為了考好一個公開試。結果失敗了，沒有考進你最心儀的大學。但其實你的個人價值絲毫沒有減損，你是否考進大學，你的個人價值也是一樣。你的價值不會因為一張成績表上顯示你得到多少分而有所影響。

愛因斯坦說，每一個人都是天才。

我的確相信每一個人都有他值得驕傲的潛能和長處，只是他要把自己的長處發掘出來。因此，每一個人必須認識自己。你不了解自己，如何能發掘自己的長處？又怎會意識到，原來自己也是個天才。我想一個人的價值在於他的潛能和長處，而不單是他的成績單或畢業證書。

如何知道自己的潛能和長處？我們可以在學校和工作上，嘗試尋找自己的長處。學校有不同的學科和課外活動，都可以讓我們尋找自己的興趣。是運動、音樂、藝術方面，還是文科、理科、商科？工作的類型則很多，可在工作生涯的頭兩年嘗試不同的工種，看看自己適合哪一種工作，然後在該方面進修或鑽研。需要的話，工作幾年才讀大學，亦無不可。愛因斯坦：如果你要衡量一條魚爬樹的能力，那麼它一輩子也會覺得自己是一個蠢才。最重要是你要找到自己的才能是在哪一方面。

假如你已確認自己的興趣和才能，則不管是否考入大學，你必須在這個領域發揮自己的小宇宙，看看自己能否在這個領域產生一點作用。人的精神滿足在於通過一個領域的學習、鑽研、發明，而產生進步感。這種進步感確立人的自我價值。

・自學能力與創作

考大學時，有運氣的因素在裡面，因為答題技巧是得分的關鍵。評分員的內部指引是要有關鍵字才會給分的。如果你的答題是類似內部指引，但沒有答中關鍵字，那麼也是不會得分的。這樣一來，考生雖然懂某個概念但可能一分也得不到。所以在香港有很多補習社教考生答題技巧及如何寫出關鍵字。因此，在公開試表現好的可能是知識豐富、理解能力高的學生，但也可能只是答題技巧「卓越」的考生。同時，也有考生什麼都懂，只是不懂答題技巧，因此考試成績不理想。

假如考大學要靠運氣，什麼最實在？那就是我們的自學能力。

現在是互聯網的世界，知識和訊息的傳播前所未有的迅速和豐富，而且很多是免費，沒有理由學不好一樣東西。美國麻省理工學院的「開放式課程網頁」提供超過一千八百個課程的大學教材，供全世界人學習之用。你可以把所有的知識都學懂，甚至比真正的麻省理工學生表現還好。你和真正學生的差別是，你沒有交學費，所以沒有證書。但知識，你已全都有了。有了這些知識，你可以參加國際性的專業考試，獲取一個專業資格。即使讀大學，亦需要獲取一個專業資格，分別是在大學你有教授及課程的帶領，所以考試可能相對沒那麼困難，而且完成學士課程可以豁免你考某些專業試的某部份。專業證書是必須的，因為老闆都是陌生人，無法在短時間了解你，所以他一看見你有證書，便可估計你的水平而決定是否聘請你。沒有證書的，或需要較長的時間去被別人了解和發掘，你要等待你的伯樂。

自學能力強又不想考專業試的，可以從事創作的工作。例如香港有兩個九十後年輕人非常喜愛蜘蛛人，便通過自學獨家創造蜘蛛人頭套和服裝，頭套更賣到全世界去。因為該蜘蛛人服裝是全人手縫製的，每一個部位都做得非常細緻，而且頭套上的眼睛還可眨動，連Marvel漫畫前總編輯Stan Lee也稱讚。又例如American Got Talent 二〇一九年的總冠軍美籍華人魔術師Shin Lim，從小便對魔術著迷，通過YouTube自學魔術，自二〇一一年開始便在世界各地的國際性魔術比賽奪冠。這位九十後創作了全新的魔法技巧，配合幽默的面部表情、適當的節奏和特殊的音樂效果，每次表演皆令全場觀眾目定口呆，讚嘆不已。

在互聯網的世界，機會比過去多了成千上萬倍。假如你像上面所述例子創作了一個很好的產品、服務或表演，你根本不需要任何機構或老闆的認同，也可以創造你自己的品牌和事業。但條件是你要有足夠的粉絲，你的粉絲便是你的老闆。有粉絲，便有你的事業。

▪讀大學的目的

直到現在，很多家長仍然對讀大學有一種執念，以為讀了大學便擁有一張「好職業」的入場券。假如子女考入大學，他們會感到安慰，認為孩子多年讀書的目的終於達到了。假如子女考不進大學，他們會很失望，甚至否定子女的價值和自己多年養育孩子所付出的努力。

在過去，讀書做狀元的確可以改變命運，可以得到好的工作，可以改善生活環境，提升生活質素。八十年代末，香港的高等教育入學率低於百分之八，當時所有的大學生都是社會精英，所以他們還未畢業已經有很多大公司在等著他們。但九十年代末，高等教育入學率已升至百分之十八（根據美國著名教育學家馬汀・特羅，百分之十五或以上的適齡人口享有高等教育便屬於高等教育大眾化），短短十年間升超過一倍，香港高等教育已步入大眾化的時代，大學生已不再是天之驕子。二〇〇〇年，香港政府大力推動副學士學位課程，希望把適齡接受高等教育的人口增至百分之六十。從二〇〇一年開始，各大院校及其他機構積極舉辦副學士學位課程；香港高等教育隨即進入普及化的階段。根據二〇一六年香港教育局的報告，香港適齡青年修讀本地學士學位的有百分之四十六，加上修讀副學士等專上課程的有約百分之七十（遠超過所定下的目標）。報告更提到，鑒於自資專上課程近年的擴充，香港專上課程已供過於求。直到二〇一九年，符合大學入學最低標準的考生中，十五個便有十個可以升讀本地大學的資助或自資學士學位，這還未計算修讀副學士等專上課程的人。因為大學及大專畢業生太多，所以他們畢業後能找到的職位很多也只是一些低技能職位，例如：售貨員、文書處理員、司機。香港統計處數據顯示，從事低技能職位的大學畢業生比例由一九九七年的百分之八點四，升至二〇一七年的百分之十六點四歷史新高，人數達十七萬七千人。

・逐底社會的形成

根據日本社會觀察家山田昌弘的《失控的逐底社會》一書，現在讀大學不是為了出人頭地，而是為了令自己不要往下層階級去，令生活質素比現在的差。二次大戰之前，窮人和富人壁壘分明，窮人很難變富人。二次大戰後，經濟起飛，子女很容易便可以賺比父母更多的錢，這時候中產開始出現，人們生活開始變得富裕。但在二十一世紀的今天，城市化的發展早已飽和，勞動市場亦已改變，取代人力的人工智能和電腦應用程式遍佈每一個行業，而且企業為節省開支多數只提供合約或兼職職位，所以二十一世紀的子女收入不穩定、工作不穩定，很難賺到比父母年輕時所能賺到的多，生活水平也遠遠不及父母年青時代的富裕。就以香港做例子，香港的大學畢業生在九十年代的平均起薪點超過一萬五千，而在二十年後的今天大學畢業生的起薪點卻少於一萬五千（還未計算通貨膨脹的因素），但房價二十年已經升了四倍。這樣下去其實下一代是變得越來越窮，而且生活質素會越來越低。逐底競爭（race to the bottom），就是「大家來比爛」的意思。而山田認為讀大學的價值只是要讓自己不要墮入逐底社會的陷阱，不做社會的最低層。

・追夢是世界趨勢

既然讀大學不一定會帶來「好職位」，而且大學畢業之後找不到心儀工作的大有人在，青年人在看不清前路或找不到工作滿足感之餘，很多會走向追夢的道路。除此之外，青年人瞬間便能從互聯網知悉世界各地其他年青人追夢的故事，因而受到啟發和鼓勵。再者，上一代人所建立的豐富物質生活，令這一代年輕人沒有即時的家庭負擔，可以放心去追夢。

追夢，是要忠於自己、發現自己、創造自己。

我有一個學生幾經辛苦考入著名大學的語言學系，但在大學期間發現自己非常喜愛演話劇。結果大學畢業後又再修讀一個四年制的戲劇學位，準備做話劇演員。另外一個學生，大學主修翻譯，畢業後去教自己喜歡的泰拳。又有一個學生，大學修讀心理學，畢業後去教自己喜愛的現代舞。他們不約而同都完成了大學課程，因為這是社會的呼籲和父母的期望。但不管有沒有讀大學，其實這一代年輕人都是想追夢的。他們都希望自己能執筆寫自己的歷史，而不是把這支筆交給別人。與上一代不同的是，現在這個年代做話劇演員、教泰拳、教現代舞，都可以養活自己。行行出狀元，只要你是那個行業最優秀的一批，就一定可以養活自己，甚至養活家人。

・讀大學的長處

說回頭，讀大學還是有它的好處，例如醫學、工程、建築、數學、科學還是最好在大學全職修讀，因為大學的專業設施比較有規模而且訓練比較有系統。其他學科例如電腦程式編寫、法律、藝術、人文科學、以及商科，則不一定要在大學讀，可以在大學校外進修部或其他進修機構修讀，或者自修。這些專業領域很多都設有公開考試和國際級考試，有志者可在非大學機構修讀相關課程或者自學完成後參加這些公開試。

讀大學的長處：

A. 對自己所選擇的專業，有更深入的知識和研究，確認自己是否這方面的人才。
B. 寫論文時，鍛鍊分析力、批判力、組織力，為將來工作所需作準備。
C. 有機會與大學教授及其他同學進行學術交流，亦可與他們討論不同專業的階梯。
D. 有些大學生會和不同學系、不同種族的同學交流，擴闊自己眼界和生活圈子，加強人際網絡。
E. 硬板凳功夫，多上了幾年的課，多考了幾年的試，增強自己的毅力和逆境能力。
F. 享受多姿多彩的大學生活，包括上課、翹課、考試、寫論文、組織社團、參加活動、參加交流團、談戀愛、失戀、兼職、體驗宿舍生活；以上所有事情幾乎同時發生。

・讀大學的短處

A. 如果已經確立夢想並進入實現夢想的階段，例如：微軟聯合創辦人比爾・蓋茲、蘋果聯合始創人史提夫・賈伯斯，讀大學會妨礙他早日實現夢想。

B. 讀大學不便宜，四年大約三萬美金。很多大學生向政府借錢讀書，到畢業時便負債累累，頭幾年工作也是為了還債，這會推遲他們實現財務自由的目標。

C. 讀大學的四年，假如我們用來工作的話，有些人已升到經理職位，賺的錢也不少，社會人生經歷也多，社交技巧比較好。如果懂得投資，還可望早日獲得財務自由。

D. 現在大學生氾濫，大學畢業生的起薪點只是比高中學生多一點。

E. 有些人認為自己是大學畢業生，很有價值，所以很多基層工作都看不上眼，因此可能不容易找到工作。

學習本身是一件很美好的事。但是如果要借貸去讀一科並非你心儀的學科，則我對這個抉擇有保留。我有一些在大學主修人文科學但又不太喜歡人文科學的學生，畢業幾年後還在社會痛苦打滾，既未找到自己的事業方向，還要籌錢還政府的貸款。

讀大學的沉重貸款，會延遲我們達到財務自由的目的。工作的頭幾年因為工資少，又要還讀大學的貸款，所以幾乎是存不了錢，也沒辦法投資。在還清貸款之後，我們才可以開始存錢及投資。我有些學生，大學畢業之後去做瑜珈導師和紋身師傅，因為他們很喜歡這兩個專業，而讀大學只是為圓父母的心願，現在卻因為大學貸款而令他們債務纏身。這兩個專業都不需要大學證書的，假如他們能高中畢業便向這兩個目標進發，現在就無須還債，並且可以早日開始賺錢、存錢及投資。

總結

假如你已經有理想，並已開始實踐理想，而且你確定你有能力和方法去實現這個理想，像史提夫・賈伯斯，那麼讀大學可能會妨礙你實現理想，除非大學的課程、排名或人脈能幫助你達到這個理想。

假如你未有理想，你可以考慮讀一個大學學位，培養一個專業，然後再考慮自己的事業發展方向。

在大學主修的學科最好是自己喜歡的（起碼是自己不討厭的），這樣的話，向政府貸款讀大學還算是值得。如果你討厭一個學科，那麼就不應該修讀，更不應該借貸來讀。

讀大學的得著，不只是專業知識上的增長，還可以通過寫無數的論文來增強自己的批判能力和語文能力，更可以通過不同的學會和學科來認識不同領域的人才。我個人認為讀大學的那幾年，是人生之中最自由的一段日子，因為你可以全權安排自己的時間（之後就要等到有財務自由的時候了）。不管大學畢業之後能否找到「好工作」，大學教育本身有它的價值。

假如你暫時未有機會讀大學，你可以先工作幾年或先修讀一些自己有興趣的課程，以確認自己的發展方向，然後再進大學。反正大學長開，任何年紀都可以進大學。

自由的小秘密

一個人的學歷與個人品德、性格無關。文盲也可以是一個很有善心，樂於助人的人。讀到博士，也可以是一個自私缺德、脾氣暴躁的人。

讀不讀大學，我們都要做一個有修養、多角度思考、尊重別人和逆境自強的人。

5. 結婚生子的樂與怒——你離財務自由的目標越來越遠了嗎？

大多數人都期望有一個忠於自己的伴侶，陪伴自己經歷人生的高低潮，讓自己在精神上及身體上都得到照顧和支持。看似簡單的一個願望，事實是不容易找到這個人。真愛，應該也是最好的朋友，在生活上、金錢上和精神上都給予你無償和無限的支持。我覺得如果你能找到真愛，已經是太幸運。至於結婚與否，我卻覺得並不是太重要。有人同居三十年沒有結婚，生活也很美滿。

至於結婚的原因，我做了一個研究，發現被訪者結婚的原因頗出人意表。有的結婚是因為覺得父母很麻煩想遠離父母，有的想找人一起籌組資金買房、抽居屋[1]，有的看

[1] 居屋是香港的一種資助房屋。

見朋友結婚很感動所以自己也想結，有的因為舊情人結婚所以為平衡自己心理自己也結婚，有的想要一個婚禮和盼望眾人注視的目光，更有一個說因為那段時間沒事做很空閒所以便結婚找點事做。當然傳統的原因例如覺得自己已經找到真愛、想生小孩、因為是適婚年齡也有人說。

結婚可以結幾次。但是每一次結婚和離婚，都會花費你大量的精神、時間和金錢。孩子可以生（或領養），但孩子會耗用你更多的精神、時間和金錢，還有你的黃金歲月，甚至你的一生。

在農耕時代，結婚是必然的，而且是要一夫多妻的，因為每一個女人都可以為你生孩子，（當然兒子特別受歡迎），多一個女人就多些生兒子的機會。在農耕時代勞力是必須的，而且越多越好。

現在知識型社會，勞力變得次要，而且人開始明白，結婚和生孩子是兩回事。有很多人結婚不生孩子，有很多人不結婚，亦有人不結婚而生孩子。

以我三十年的觀察和我接觸眾多案例的總結，結婚並不是一個結局，而是人生重大挑戰的開始。結婚是一個幻想，婚後才回到現實。

結婚前對婚後的生活往往都是一種美好想像，一種幻想。有多美好，因人而異，每個人的想像力都可以很豐富，我就不在此詳述。我反而想關注婚後可能要面對的現實，讓大家有心理準備，也請大家結婚前考慮清楚。

‧結婚的壞處

A. 經常是結婚之後，才了解對方在金錢使用、生活習慣、養育孩子等方面的價值觀。有可能會衝擊自己的價值觀，因而起分手念頭。「因了解而分開」，就是這個意思。

B. 如果兩個人在婚前沒搞清楚對方在重大領域，例如投資、移民、政治、宗教方面的立場，而實際上是雙方立場相反或非常不同，則婚後會經常吵架，傷害大家感情。而且你會在這些領域寸步難行，無法實現自己的計劃。

C. 夫妻單方或雙方會「規管」對方的生活方式或生活習慣，例如：「你每晚不能超過半夜十二點回家」、「你逢星期日要和我父母飲茶」、「你的那個朋友不是好人，你不要再跟他來往」。有男士告訴我他非常期待公司每一次的出差任務，因為在出差的那幾天他可以不受太太的管制。有的時候鬆緊控制得不好，會導致對方或雙方有煩厭甚至憎恨的感覺。

D. 對方可能對你有頗高的期望，期望你對家庭有「相當」金錢上或家務上的付出。這可能會對你造成某種壓力。如果你做不到對方的期望，又會吵架。

E. 對對方的父母也有責任。對方可能會嫌你對他的父母照顧得不夠。配偶的父母對你來說其實只是你認識的「陌生人」，要突然由陌生人變成「爸爸、媽媽」，實在也不是每個人能適應。基於對方要求，你要在工餘時間周旋於自己父母、對方父母和你的配偶之間，不會不累。

F. 結婚之後住在一起，每天都見面，沒有像拍拖時期那種期待見對方的感覺，缺乏新鮮感，有些夫妻會漸漸有沉悶的感覺。

G. 結婚前，大家都比較客氣，而且會感激和欣賞對方。結婚後，大家更像家人，對方為你做的事，你會覺得理所當然，少了一份感激之心。

H. 美好形象破滅：假如女孩子婚前見面每次都化妝，墊高胸部，穿緊身搭（bustier）、高跟鞋，婚後丈夫會見到她原來的樣子。有男士告訴我結婚前太太是女神，結婚後太太變女鬼。當然他是有點誇張，但丈夫可能真的有貨不對辦的感覺（男人相對來說比較受視覺感官影響）。另一方面，丈夫婚後亦可能原型畢露，由謙謙君子變成懶惰大野人，妻子也可能有貨不對辦的感覺。

I. 假如對方花費大或喜愛購物，則會影響你的財務自由。因為你的錢可能會被對方花掉，或你的錢會因此而需要用來支付家庭的大部份開支，這樣你便會減少儲蓄亦無法投資，更遑論財務自由。

J. 失去和其他異性做朋友的機會。每次你和異性單獨約會，可能都會引起配偶懷疑。配偶可能會完全禁止你約會異性，而且婚後他或她可以在家守著你。

K. 因為有法律依據，所以要通過繁複的離婚手續才可以離婚。在香港，要單方提出法庭可接受的理由，或雙方先分居一年才可以申請離婚。如果雙方同意離婚後的安排，也最少需要半年時間完成整個離婚程序。假如雙方對贍養費、孩子的撫養權或探視權（如有孩子）有爭拗，則整個離婚程序可能以年計，而且律師費費用高昂。

L. 在保險方面，很多夫妻都會寫對方為保險受益人。我們有時在新聞得知，有些人為了要獲得保險金會毒害另一方。當然這是比較極端的情況，不過也時有發生。

▪結婚的好處

A. 與自己心愛的人，共同建立一個家庭，有兩個人的小天地。在這個小天地每天都可以看見對方，和對方一起生活，共同經歷喜與樂。

B. 與異性相處是一門藝術，需要很多時間和觀察力來理解兩性之間的不同。和伴侶住在一起後，便有機會觀察異性的生活習慣和處事方式，增進對異性的了解和體諒。

C. 日常生活有一個伴，可以互相照顧。例如：病的時候對方可以照顧你，而你需要幫忙的時候也可以請對方幫忙。

D. 可以集合兩個人的資金來租房、買房或投資。

E. 假如對方是真愛，亦是你最好的朋友，則在生活上、金錢上和精神上都得到對方很大的支持。

F. 享有法律賦予夫妻關係的所有權利。

結婚，是兩個陌生人相識、相戀，然後共同建立和經營一個家庭。假如沒有強烈的愛情，將會很難克服將來需要共同面對的各種困難和危機。因為兩人本來就是沒有任何關係的陌生人，所以當兩人愛情減滅的時候，便會開始計較自己對對方及對家庭在金錢上及其他方面的付出。假如夫妻關係不和，亦是世界上最痛苦的一件事，因為兩個互相討厭的人還要住在同一間屋，猶如「困獸鬥」。這會導致兩人在精神和情緒方面都產生問題。

結婚，某程度上，猶如賭博。在國際大城市如北京、香港、倫敦，實際的離婚率大概是百分之四十。假如大家都是對方的真愛，則結婚絕對是一個正確的決定。但心理學研究發現，只有百分之十的夫妻是互相的真愛。所以大部份夫妻到後來都是糾纏於自己和另一半的婚姻關係之中，他們有些會離婚；有些為了孩子不離婚而且啞忍直到孩子長大；有些不離婚但長期分居又各自另有所愛；有些在不同城市組織不同家庭而配偶懵然不知；有些因為宗教而選擇不離婚。人們常常會找藉口，說夫妻吵架是很平常的事。但其實假如夫妻倆都是對方的真愛，他們很少會吵架甚至從不吵架，同時會因為對方是他的真愛而時刻都感到非常甜蜜。你不相信嗎？那是因為你還沒找到真愛吧。

．真愛與夫妻的分別

真愛

A. 不需要以一紙婚書來證明。香港著名導演陳可辛與影后吳君如便是真愛的好例子，他們同居二十年而不結婚，因為真愛不需一紙婚書來證明，共育有一女。

B. 選擇對方是因為與對方在一起時太快樂，笑聲不絕，而且對方可以啟發自己。

C. 從開頭到白頭都沐浴在愛河中，感覺甜蜜，沒有吵架，沒有心病，無時無刻都期望和對方在一起。

D. 雙方能做回自己，同時在生活的各方面都非常協調。雙方會為自己增值，為家庭增值，而且互相了解與尊重，給予對方足夠空間，並欣賞及支持對方的一言一行。

E. 關係：是愛人、好朋友和家人。

F. 關係持久度：長久。

夫妻

A. 有法律依據，但不一定相愛。

B. 生活起居互相照顧，是一種責任。

C. 可以獲得法律上所賦予夫妻關係的所有權利。

D. 關係：家人（不肯定是否朋友或愛人）。

E. 關係持久度：不確定。根據研究調查顯示，離婚最經常發生在結婚後的頭兩年，以及結婚後的十五至二十五年。

假如不肯定應否結婚，可以考慮同居。同居可以擁有前述結婚的所有好處（除了最後一項），但又可免卻離婚時「勞民傷財」的後果。同居介乎拍拖與結婚之間，雙方在生活上都有一定責任，但互相會比較尊重，因為隨時都可以選擇終止同居。

・如何做百分之十的甜蜜夫婦

前面提過，心理學家發現只有百分之十的夫妻是彼此的真愛，現在討論一下如何成為百分之十的甜蜜夫妻。

結婚前

A. 知道何謂婚姻。婚姻是兩個人可以做回自己，並在婚姻關係中，互相扶持、互相尊重、互相鼓勵。成功的婚姻在於除了可做回自己，你亦會考慮可以為對方做什麼，而不是計算對方可以為你做什麼或沒有為你做什麼。記著，要雙方都有這樣的心態，才會成功。

B. 認識自己的性格和喜好，知道自己的需要，及知道自己需要一個怎樣的伴侶。假如已確立自己的人生目標，伴侶必須是要能支持自己人生目標的人；而你亦應該支持對方的人生目標。

C. 任何最堅實的人際關係，都是以朋友關係作基礎。和對方從朋友關係開始，先認識才戀愛。

D. 兩人在結婚前甚至拍拖前，便應該談及以下幾個可引致離婚的主要範疇：金錢的使用及對財務自由的看法、是否要生孩子、宗教信仰、政治立場、移民決定等。假如有任何一個範疇意見不合，即表示對方並不完全適合作你的伴侶。

E. 婚前、婚後都盡量保持個人私隱，包括自己的薪水或總收入、銀行提款卡、手機、電腦的密碼等。夫妻之間在乎互相尊重對方的私隱和空間。

F. 假如在婚前共同經歷某些危機，例如：失業、破產、患重病，那麼便有機會看清對方的為人和個性，及對方是否真正愛你。

G. 在現今物質主義社會，如果窮，最好不要結婚。真的「貧賤夫妻百事哀」。

H. 不要為結婚而結婚，不要怕孤獨，不要怕做剩女[1]，不要因為對方催逼而結婚。結婚的原因最好是因為對方人格質素太高，以及太適合自己，不可不結。

I. 要搞清楚你是要一個婚禮還是要一段婚姻。婚禮是一場秀，婚姻是一輩子的

1 「剩女」為中國及香港的流行術語，一般指年過三十但未婚或沒男朋友的女性。

事。「幸福定格」台灣導演沈可尚：整個婚姻過程看來最不需要的，就是那場華麗的婚禮。

J. 假如男人只是為了性而結婚，那麼他可能會感到失望，因為太太可以說不，而且可以經常說不。在太太不願意的情況下發生性行為，法律上也被視為強姦。

K. 太太經常是教育子女也是丈夫和子女之間的溝通橋樑，所以家庭的幸福某程度是視乎女人的質素。在選擇太太時，假如未來太太是個高情商、獨立、開明、會尊重及預留空間給其他家庭成員的人，則家庭幸福指數會上升。（當然丈夫也不要忘記要幫忙做家務和帶孩子。）

L. 在選擇丈夫時，如果未來丈夫有暴力傾向，亦會為婚姻埋下炸彈。任何一方酗酒、吸毒或賭博成癮，都不是結婚的對象。

結婚後

A. 兩人要不停學習新事物、嘗試新體驗，為自己及家庭增值，否則話題很快會說完。

B. 要有高情商，你的情緒會影響對方的情緒。假如吵架次數增加，關係會變差。

C. 常常為對方著想，支持對方的人生目標。

D. 兩人共同分擔家庭支出，不逃避責任。

E. 信任對方，不查看對方的手機和錢包。兩人保持各自的私隱。

F. 多讚美對方，常常想起兩人在一起的甜蜜時刻。

G. 兩人要有協調的性生活，增進夫妻感情。假如男方不舉或女方性冷感，可請教醫生。

H. 免除家庭暴力：不論是丈夫打太太，或是太太打丈夫，或是父母打子女，都會令家庭破碎。假如家裡有人是病態賭徒、慣常酗酒、或吸毒成癮，結果也會是一樣。

由此可見，要做一對甜蜜的夫婦並不容易，兩人必須婚前已有較高的個人修養，而且婚後雙方亦要努力經營兩人的婚姻關係。

至於財務方面，維持一段婚姻是一個花費相對較大的項目，而且這個項目不會停。要維持一個家，比起單身的支出壓力大得多。花費大的原因是，本來夫妻各自與自己父母同住，現在則要為兩人住的房子繳貸款或交租；如有孩子的話，更要養育子女和供書教學。孩子方面的支出有如無底洞，永遠也不夠，因而對兩夫妻造成極大壓力。萬一其中一個失業，另一個的壓力更是百上加斤。所以，還是等雙方都有經濟能力的時候才結婚比較好。

自由的小秘密

當夫妻關係變差時，可能會有被出賣或被騙錢的風險，因為對方知道你太多東西，甚至比起你父母知道你的還多。所以在結婚前協議有各自的私隱，互相尊重，較為明智。

·有孩子的苦處

孩子剛出生，有人說是上天給自己的禮物，非常感動。

孩子第一次叫爸爸、媽媽，父母便覺得自己的生命得到延續，也有了人生意義。

孩子開始不聽話，父母覺得挑戰開始來了。

孩子反叛，父母氣憤。

孩子持續反叛，父母漸變氣餒。

孩子出走，父母投降。

高素質父母加上高素質子女，當然是最理想的。否則，兩代人的恩怨，糾纏不清。當父母覺得自己已作出無限犧牲的時候，卻因為子女年紀尚輕，人生經歷尚淺，還需要父母先自我反省來維持或改善兩代的關係。做父母，實在不容易。

有孩子的難處

A. 支出龐大：由於現代社會百物騰貴，供養孩子的花費真的很大，包括由幼稚園到大學的學費、書簿費、補習費、課外活動費、飯錢、交通費、零用錢、交流團費。夫妻為了孩子努力賺錢，但卻因為龐大的支出而所剩無幾，難以儲蓄，更無時間專注研究投資，故此財務自由的目標遙不可及。

B. 沒有私人時間：夫妻有了孩子之後，會把所有的時間都放在孩子身上，除了上班，下班後便趕回家帶孩子，星期六日也需要帶孩子出去玩和參加活動，幾乎沒有時間留給自己，讓疲倦的身軀復原及讓混亂的思緒沈澱。

C. 無法為自己增值：人的快樂，來自於自己的進步。但有了孩子，便以孩子的成長過程為依歸，自己的成長過程很可能需要終止。假如你想讀一個課程或想到外國深造，都不容易；即使是去一個星期的旅行，也可能要考慮把孩子也帶去。沒有自我進步的人生像一潭死水，予人挫敗感。

D. 代溝：儘管你很用心去教導孩子，你參閱過很多相關的參考書，也聽過有關專業人士談論育兒經驗，但都不代表你和子女一定會有一個很和諧或親蜜的關係。畢竟每一代人都和上一代人有著不同程度的代溝，而且現在是人工智能及互聯網時代，你難以想像下一代的思維模式和他們的價值觀。要做好心理準備：子女不一定會與你站在同一陣線，也未必會接受你的建議，更不會受你支配。英國作家森美・強森說：容許孩子以他們的方式得到快樂，不要求孩子生活在你的世界，應該是你去探討他們的世界。

E. 孩子全面受你影響：父母陪伴子女成長，但無可避免地，除了父母的「好」，子女也學會父母的「壞」，例如父親打女人，兒子也會打女人；父母不排隊，子女也不排隊。我們無可避免地亦無可選擇地，從小到大都在潛移默化地接收父母的身教。父母卻可能沒有意識到自己的行為都一一被子女看見並模仿。美國作家富珩：無須擔心孩子不聽你的話，你應該擔心他們無時無刻都在觀察你。

F. 失去自由：有了孩子，你無法想看電影便去看電影，想跑步便去跑步，想到哪裏便去哪裏。你所有的活動都要和另一半商量，因為你們需要一起或輪流帶孩子。你無法再經常和你的朋友見面，也無法繼續自己的嗜好或追夢。慢慢地你的朋友便不會再約你見面。久而久之，你或許會感覺「孤獨」，除了忙於工作及帶孩子，你便再沒有其他了。

G. 夫妻感情轉淡：有些夫妻在有孩子前的感情比較融洽，有了孩子後大家則多了爭吵，而且二人世界的時間也大大減少。夫妻在沒有孩子前，會專注對方的需要；但有了孩子後，大家的集中力便會在孩子身上，而忽略了對方的需要。所以夫妻說情話的時間少了，關心對方的心思少了；過去可能會支持對方在工作或興趣方面的發展，但現在你會說：我也很忙，應該你來帶孩子。

H. 婚外情：在孩子出生後，太太也可能會忙於照顧孩子而忽略丈夫的需要。有丈夫因為感覺受到冷落而開始和其他人包括其他異性傾訴，以致引發婚外情。

I. 無法離婚：在我輔導的已婚人士當中，不論是華人或是西方人，都遇到同樣的難題，就是雖然夫妻倆都想離婚或其中一方想離婚，但是為了孩子的成長，他們還是選擇在一起生活，共同照顧孩子。這個決定的負面結果，就是雖然互相很討厭對方，但是日常生活仍要在一起，所以經常吵架，甚至打架或冷戰，令雙方精神上均受著極大的壓力。同時這樣又產生了另一個負面結果，就是其實孩子把這些都看在眼裡，他們見到父母吵架或打架，亦不會有安全感。所以有些情況可能父母離婚更為適合，而在離婚過後父母反而會互相尊重以及減低對對方的期望，所以當孩子看見父母沒有吵架反而互相關心，孩子也會高興。

J. 無法認識自己：認識自己需要很長的時間，包括自己的喜好、自己的潛能、自己的一切可能性。有了孩子，你很難繼續認識自己，施展自己的潛能，發掘自己的可能性。有了孩子，你可能會放棄在海外工作的機會因為想親眼看著子女成長，亦無法嘗試創業因為打工有固定收入，配偶亦可能會反對你參與一些高危的活動例如滑翔傘。這一切的制肘，可能漸漸會令你情緒抑壓，甚至感到憤怒。所以有些人到中年有中年危機，因為他們覺得自己時日無多，不得不馬上認識自己或實現自己想做的事。有律師果斷辭職並離開妻兒獨自到非洲做保育工作，有工程師果斷與太太離婚然後選擇一個人生活，亦有銀行家果斷辭職然後當畫家。再者，假如父母亦無法認識自己，又如何能夠教導下一代認識他們自己的潛能和發展方向？

孩子是無辜的，你把他帶到這個世界，最好讓他看到這世界美好的一面。假如他的心靈充滿愛，將來才有能量去克服他生命中的難關。假如你令他缺乏安全感，情緒不穩，或從小已感到壓力，則長大後很可能會有不同程度的情緒病，亦未必有能力去應付他生命中的難關。眾所周知，孩子的童年對他性格的塑造和價值觀的形成影響至深。假如你不能給孩子一個快樂童年，我建議你還是考慮不要生孩子好了。但假如你已經有孩子卻又夫妻緣盡，需要走到離婚這一步，你必須做好離婚後照顧孩子的安排。父母雙方都必須每星期與孩子見面，讓孩子感到即使不與父或母住在一起，仍然可以感受到他或她的愛，將父母離婚對孩子造成的影響減至最低。記住，你如何對待孩子，將來孩子也如何對待你。

■有孩子的好處

A. 獨特經歷：經歷另外一個人的成長階段，並且陪伴著他成長，成為他成長過程中的關鍵人物。

B. 成功感：如果可以把孩子養育成才，而且品格高尚，父母會很有成功感。

C. 組織力：考驗自己組織及時間分配的能力，特別是要兼顧工作及照顧家庭的父母。這是一個長時間的考驗。

D. 忍耐力：孩子鬧情緒時可以在公眾地方持久地嚎哭，讀小學時可以怎麼也不懂得做數學題，在中學時可以每天吵著你要買新款球鞋，在大學時可以和你冷戰一年也不說話。考驗你的忍耐力，也是考驗你的情商。

E. 傳承：把自己的專長傳給子女，例如世界拳擊組織超蠅量級世界排名第一的香港拳擊運動員曹星如的爸爸是香港七屆拳擊冠軍，前任美國總統老布殊的兒子小布殊也是美國總統。另外，民間還有很多做傳統工藝、特色小吃的師傅都把手藝傳授了給子女。

F. 新時代產物：有電腦問題，可以問子女。你不懂的任何新時代產物，都可以問他們。

每個人都有生育的權利。但在創造一個生命前，你要考慮你能否對他盡責，令他快樂，直至他成人。你要犧牲的相當多，而你要明白生育並不是必須的。你要考慮你是想培養已經在世上的自己，還是要再製造一個生命出來讓你培育。培養孩子會是在你的黃金歲月進行，而你的黃金歲月一生只有一次。請好好安排你的人生，你的生命和時間是非常寶貴的。假如你非常喜愛小孩，那麼你這種愛小孩的情操，可以克服你因有小孩而經歷的所有困難和犧牲；否則的話，你可能會有抑鬱症狀、感到抑壓，甚至憤怒，而你一定又會某程度上把這些情緒宣洩在你的孩子身上。這對你、你的配偶，和你的小孩，都沒有好處。

我的一些朋友及很多被我輔導過的人，都承認其實他們不適合做父母，養育孩子也不是他們想要的人生，但現在既然有了孩子，也沒辦法，只好硬著頭皮繼續撐下去。他們大多數都在生育之前沒有想過養育孩子的苦處，他們只是看到別人生他們也就生了，也沒有刻意做好避孕措施。順帶提醒大家，生命是不可逆轉的。假如你們沒想好要不要生育，最好就堅持做好避孕措施。假如像很多人說的「順其自然吧」，那麼你就很大機會會有孩子。

另外，有孩子一定會延遲你實現財務自由的目標，甚至無法實現財務自由。因為孩子有每個月的開支，導致你只能存很少的錢，沒有足夠的投資，便離財務自由很遠了。過去工業時代孩子都是「粗養」，養一個孩子不需要太多錢，孩子長大了也是到工廠打工；現在知識型社會孩子要「精養」，因為現在的工作都要用腦而不是用勞力，而且競爭都很大。「精養」一個孩子要用很多錢。有人說一個孩子就是一個房子，多一個孩子就少一個房子。

人生是自己安排的。希望你快樂、自由，過著自己真正想要的人生。

自由的小秘密

假如夫妻感情甜蜜而且非常喜愛小孩，相對適合生孩子。假如夫妻感情淡薄或鬧不和，則不適宜生孩子，否則會害了孩子。

Part 3

健康自由

身心健康，我們才有自由去選擇自己想要的工作模式和生活方式。

你的健康如何，你的快樂也必如何

有健康，我們便有選擇權的自由。我們有了健康才可以選擇我們愛吃的食物而不用戒口，才可以選擇不同行業的工作，也不需要因為健康問題而要暫停工作或學習，亦可以正常社交，與朋友一起參加戶外活動。有了健康，我們更可以挑戰自己，就像我的朋友騎單車環遊歐亞大陸。

根據聯合國世界衛生組織的定義，健康是指在生理、心理、和社會適應方面都處於良好狀態。身體有病看醫生，是最自然不過的事。但有很多人心理和社會適應方面受到困擾，卻沒有關注。我在這裡集中討論這兩方面。

1. 心理健康

在大城市，很多人都有情緒病（mood disorder）。例如在香港，一百人當中便有十四人有情緒病；在台灣，一百人當中有十一人有此類病，而且近年病人有年輕化的趨勢。最普遍的情緒病為抑鬱症和焦慮症。

・抑鬱症

根據世界衛生組織二〇一九年的數據，全球有超過三億人患有抑鬱症。抑鬱症已被世界衛生組織視為與癌症和愛滋病並列的新世紀三大疾病。到二〇二〇年，抑鬱症將是造成全球疾病負擔以及早逝或失能的第二位，僅次於心臟血管疾病。

現實中的壓力

阿玲今年準備考大學公開試。她已經連續兩年拼命讀書，從早上九點到下午四點是上課時間，下課後便到自修室溫習功課，八點回家吃飯後繼續溫習，直到半夜。沒有娛樂，也從不約同學逛街，在週末的時間亦只有溫習、溫習和溫習。不斷的壓力令她患上抑鬱症，就在考試前一個月崩潰了。幸好有家人的支持並及時接受輔導，一個月之後，如常應試，但成績考得並不理想。

香港歌星張國榮於二〇〇三年四月一日，在香港文華東方酒店二十四樓一躍而下，他的遺書寫到是因為受到抑鬱症的折磨，終年四十六歲。至於他患抑鬱症的原因，眾說紛紜，有的說是因為他花了很多心血嘗試走導演的路但不成功，有的說是因為他在最後一部電影《異度空間》入戲太深未能抽離，有的說是因為他胃酸倒流而擔心影響他的聲線和歌唱事業，有的說是他作為同性戀者一直以來所承受的壓力。死後十四年他姊姊更說張國榮的抑鬱症是先天性。事實是如果有先天性抑鬱症，則後天的任何壓力都更容易促使病者病發。

童年影響

一個人如果在孩童時期得到足夠的愛和安全感，長大後便可以勇敢克服各種困難。但如果得不到愛和安全感，有些人在成長後會患上抑鬱症。

英國王子哈里，十二歲時失去母親戴安娜王妃，心靈受到重創。其後他一直把這種悲痛抑壓在心裡，並且把他所有情緒都抑制著。直至二十八歲才聽取哥哥威廉王子的建議接受輔導，當時他已經患上抑鬱症。後來通過打拳和心理治療，哈里才續漸康復。

我的經驗

以我作為過來人的經驗，抑鬱症是可以隨時回來找我的，但只要我了解自己的情況，適度減壓，常常擁抱正能量價值觀，則長時期都不會再受這個病症影響並且能過正常的生活，正常工作和社交。這算是痊愈了。患病時，有些人需要吃藥來控制病情，有些人卻只用意志便能克服這個病。再者，有些人先天比其他人更容易患抑鬱症。而沒有經歷過抑鬱症或其他情緒病的人，是無法想像患病時的生理和心理狀況，以及患病時所承受的痛苦。病發時可以是完全沒有先兆，與病發當天或病發前一刻所做的事可以是沒有直接的關係。

抑鬱症的徵兆

持續兩星期大部份時間有以下五個或以上的症狀（必須包括A或B），而且嚴重影響你的日常生活、工作、學業或社交活動，則要留意是否患上抑鬱症。

A. 情緒低落、煩躁，容易發脾氣。

B. 對以往喜愛的活動失去興趣，例如：玩遊戲機、運動、性。

C. 行動緩慢，或說話行為比平常激動。

D. 疲倦、失眠或嗜睡。

E. 暴食或少食，或體重驟升、驟降。

F. 常常感覺內疚，自責，覺得自己毫無價值，沒有人喜歡自己。

G. 難以集中精神或作決定。

H. 喜歡獨處，不喜歡社交。

I. 經常有自殺念頭，會寫遺書或把自己最心愛的東西送給別人。

怎樣預防抑鬱症

A. 接受人生會有不如意的事，而凡事都有好的一面。

B. 不要把負面情緒留給自己，多與可信任的家人和朋友傾訴。

C. 建立健康的生活模式，要有充足睡眠、恆常運動，不酗酒，並且參加社交活動。

D. 練習靜觀，讓自己有機會安靜地感受自己當下的身體狀況和內心感受，以及觀察自己身處的環境，然後持樂觀開放的態度，接納自己的情緒。

E. 閱讀有關抑鬱症的資訊，對自己的處境有所了解，增強自己管理情緒的能力。如有需要，早日求醫。

・焦慮症

適當的焦慮，能令我們遠離危險（例如火災時逃出火場），以及產生學習動機（例如擔心考試不合格，所以會努力讀書）。

但如果過分擔心，或危機已過卻仍然有焦慮及擔心的心態，並影響生活、工作及社交，則可能已患上焦慮症。

黃太的女兒今年初中二年級，她希望可以自己上學和放學，所以促請媽媽千萬不要接送她。女兒大了，黃太也必須考慮女兒的面子要求，但結果是她在家裡坐立不安，每天都想像女兒會被人拐走而且後果不堪設想。等待女兒回家的期間，她什麼都做不了，直至女兒回家她才安心。有一次女兒遲了回家，黃太在半小時內打了超過五十次電話給她，但女兒也沒有接媽媽的電話。黃太覺得她的女兒被拐走了，便馬上打電話給丈夫，還報了警。結果女兒就在這個時候回家了。原來女兒在街上玩貓遲了回家，而且電話沒有電了。

這個情況黃太是患了焦慮症，她總是把事情想得很壞，而且影響了她的生活。

焦慮症的成因

A. 家族遺傳：天生脾性敏感，容易感焦慮。

B. 思想負面：思想悲觀，或感覺不到親友的愛。

C. 生活壓力：測驗、考試；貧窮；移民後不適應新生活。

D. 親人離世：家人或寵物離世。

E. 突發意外：交通、家居、工業或運動意外。

F. 生理影響：藥物影響、荷爾蒙失調、突然病重。

G. 成長期間：父母管教過嚴或管教方式飄忽不定；或兒時受到重大打擊如父母離異、被父母虐待等。

焦慮症的徵兆

A. 心理：恐懼、不安、過度擔心、煩躁，容易激動。

B. 生理：呼吸急速、心跳加速、口乾、頭暈、作嘔、肌肉緊張、腸胃不適；手腳出汗、冰冷、麻痹、發抖；疲倦、失眠。

C. 認知：害怕對事情失去控制，把一般的事情也覺得是災難的先兆。除了現時極度擔心的事，其他什麼事也不顧或想不起。

怎樣預防焦慮症

A. 相信事情會有好的結果，凡事都有好的一面，為自己加入正能量。

B. 相信自己的抗逆能力及相信自己有能力控制情緒，勇敢面對過分擔心的事情。之後，讚賞自己的努力。

C. 建立健康的生活模式，要有充足睡眠、恆常運動，並參加社交活動。

D. 練習靜觀，讓自己有機會安靜地感受自己當下的身體狀況和內心感受，以及觀察自己身處的環境，然後持樂觀開放的態度，接納自己的情緒。

E. 閱讀有關焦慮症的資訊，對自己的處境有所了解，增強自己管理情緒的能力。如有需要，早日求醫。

．智商高的人容易有情緒病

根據美國學者二〇一七年於科學雜誌《智慧》發表的研究顯示，高智商的人比一般人容易患上情緒病症，例如抑鬱症、躁鬱症，或焦慮症。研究包括三七一五名在全國智商測試排在前百分之二的人，發現他們比一般人患焦慮症的可能性高百分之八十三，而他們比一般人患上情緒病症則高百分之一百八十二。這是因為他們有智力高度活躍的特質，以及他們的中央神經系統高度敏感，所以觀察力比一般人強，而且他們這些人充滿創意和創造力；但與此同時，他們的高度敏感特質會令他們較容易抑鬱和焦慮。智商高而患情緒病的名人有：畫家梵谷患抑鬱和躁鬱，音樂家貝多芬患抑鬱，歌星Lady Gaga患抑鬱和焦慮症，奧運游泳金牌得主費爾普斯曾患抑鬱，羅琳亦在寫《哈利波特》之前曾患抑鬱。

▪臉書的治療作用

近十幾年社交媒體當道，其中臉書歷史最悠久。臉書從二〇〇四年開始為人類服務，現有超過二十億人口使用臉書。臉書在個人心理上起著積極的作用，曾幫助不少人度過孤獨，亦協助舒緩不少自卑或自大的人的心靈。

有很多人以臉書按讚的數目來決定自己有多少朋友，網路紅人更以臉書按讚的數目來決定自己是否受歡迎。這些按讚數目的多與少會影響他們每天的心情，就像股票市場一樣。這些人很希望得到別人的認同，假如他們的按讚人數持續上升，他們的自信和喜悅程度會增加，就像贏了一場比賽或得到獎賞一樣。

臉書在個人心理健康上的治療作用

A. 很多人在用餐前都會把美食拍照後貼上臉書，或是分享海外旅行的照片，也會把與某明星的合照放上臉書，目的都是想炫耀自己的經歷，讓別人羨慕一下。

B. 一般人都希望得到別人的認同。在臉書貼的每一篇文，最好都有很多朋友給讚。演員、歌手、網路紅人，更以自己得到按讚的數目來審視自己不同時期受歡迎的程度。公司、店舖、企業亦以按讚的數目來斷定某個產品被接受的程度。總之，有讚就好。

C. 有些人每天都把自己與另一半或把自己孩子的照片放上臉書。部分是想與別人分享自己的生活照，部分也是想告訴別人：你看我現在多幸福！你看我的孩子多可愛！別人對於這些「幸福」照，起初會興奮按讚，但後期也可能會因為看得太多而漸漸感覺麻木甚至煩厭。無論如何，上載這些幸福照的確可以令上載人覺得「幸福」。

D. 有些人在現實生活中沒有什麼朋友，而他會選擇臉書作為他與外界溝通的主要渠道。他把自己遇到的事，上載上網，希望有人會有回應。這樣的情況下，哪怕只有一個或幾個人回應，他也會高興，覺得自己並不是那麼孤獨，也感覺自己是有朋友的。

E. 曾經有認識的人在臉書上圖文並茂顯示自己有自殺傾向，所有朋友大驚，即時有過百個鼓勵性的留言（平常只有幾個人對他所上載的每個貼文按讚）。我們暗地裡互通消息，即時組成拯救行動小組。結果這位朋友打消自殺的念頭，積極面對人生。臉書，還可以救人一命。

臉書，雖然只是一個現實生活以外的空間，一個非真實的空間，但它起著幫助平衡個人心理的作用。人們從臉書得到讚美，得到自信，得到安慰和鼓勵，從而為自己增添一些正能量，變成一個心理較健康的人。

自由的小秘密

當有人不開心向你哭訴時，千萬不要問「為什麼」，只要安靜地聽他訴苦，適時作出反應表示明白就好。

2. 社會適應

人類是群體動物，絕大多數人都不會選擇在野外獨自生活。嬰孩從大人的陪伴而得到安全感，少年因同輩的陪伴而得到快樂和練習社交技巧的機會，成人則因任何其他人的陪伴而得到啟發、智慧、鼓勵和安慰。一個人如果能適應社會並且被社會所接納，他會比較快樂。

▪人類群居的好處

A. 分工合作，在短時間獲得很高的效率：譬如一個人蓋房子不及一家人分工合作一起蓋房子來得迅速；一個人救火不及整隊消防員從不同角度或區域一起救火來得有效率；一個醫生做手術不及整個醫療團隊按專業分工合作做手術來得及時和仔細。

B. 即時分享資訊和知識：任何知識和資訊都可以通過口傳或在網上即時發佈，使更多人得到最新的消息，方便應對。例如有禽流感，大家買活雞時便要小心。又例如有政府高官犯法，市民便可以即時作出譴責。

C. 分享經驗、智慧：前人做過的事，值得後人借鑒，使後人得到智慧和啟發。例如別人的初創企業失敗，自己可以從中學習，避免自己開創的企業也走向同一命運。

D. 得到鼓勵和安慰：在失戀、父母過世、生意失敗的時候，朋友的安慰和鼓勵對自己起著重大作用。在抑鬱或想自尋短見時，家人的陪伴和鼓勵可以幫自己度過難關。

E. 獲得無限的機會：認識的人越多，獲得工作的機會便越多，找對象的機會亦多，還可以物色志同道合的人一起合作做項目。

F. 有機會成就別人，因而得到無限滿足感和存在意義：老師成就學生，師傅成就徒弟，老闆成就下屬，在非責任的情況下仍能無償地對別人付出和作出犧牲，接受一方的成就亦表示珍重和愛惜你對他的付出。（父母成就子女，則很容易被認為是理所當然的事。）

·私人空間如空氣般重要

人類群居不應影響個人的私人空間。每一個人都需要私人空間，在這個空間內我們有機會思考、反省、休息和認識自己。城市人每天汲汲營營，忙得沒有私人空間，有些人窮困得只剩下在廁所的時候是私人空間。長期沒有私人空間的話，人會變得很疲累或心情煩躁，頭腦亦不清晰，思緒混亂，容易做錯決定。

你需要多少私人空間？假如要保持精神健康，建議每天最少半小時或每星期幾小時的獨處時間。在這珍貴的時間裡，沒有父母、配偶、子女、老闆、同事、男女朋友、任何人的騷擾。你的思想可以自由游動，甚至什麼也不想、什麼也不做。

如何製造私人空間？

A. 學會和老闆說不：對於超越你工作時間的要求，全部說不。

B. 向家庭成員包括父母、配偶、子女宣告：個人空間和精神健康對你和每一個人都很重要，嘗試給予各家庭成員都有個人空間的時間，互相尊重。

C. 不要把自己的時間表安排得太密，應該給予彈性讓自己放空及做自己喜歡的事。

·宅男及隱蔽青年

有一種人有頗多私人空間，但不太願意接觸社會。他們被叫作宅男、宅女。宅男、宅女的特徵是足不出戶，在家上網和玩遊戲機。這種人社交能力較弱，也不喜歡和別人溝通。但假如宅男宅女願意的話，他們是可以增強自己的社交能力，在社會立足，為社會作出貢獻。

另外一種叫隱蔽青年。隱蔽青年則比較頑固。隱蔽青年是雙失青年，沒有上班，也沒有上學，超過三個月終日留在家中，自我封閉。與其他人甚至同住的家人沒有溝通，亦害怕與別人溝通。這種青年完全不適應社會。

根據日本官方數字顯示，現時日本十四到四十歲的隱蔽青年有五十四萬人，隱蔽青年的平均年齡也持續上升，由過往的平均二十一歲至現時的三十二歲。香港大學香港賽馬會防止自殺研究中心二〇一四年的調查則指出，在香港十五至二十九歲的群組裡，有近五萬名的隱蔽青年。至於英國，根據《獨立報》報導，英國London Youth 於二〇一八年調查發現在十八至二十五歲的群組裡，已經有四十八萬名隱蔽青年。隱蔽青年已變成全球大城市的一個現象，而且數目驚人。

再者，不時會聽見隱蔽青年自殺的事件。阿德被公司辭退之後，便沒有再上班，終日留在家裡，足不出戶，還把自己鎖在細小的房間裡，到吃飯的時候才出來客廳。三年後母親病逝，他更變本加厲，連飯也不吃，到極餓的時候才出來找東西吃。五年後，他嘗試重新上班，但是上班第一天便感壓力巨大，無法適應，結果燒炭自殺身亡。事件令人感到可惜。

隱蔽青年成因

A. 缺乏自尊心：無法在工作、學業或人際網絡上得到滿足感。

B. 家庭或社會壓力：與家人關係不理想；家人或社會上多批評、少讚美的文化令青年自卑。

C. 父母過分溺愛照顧子女。

D. 個人主義。

隱蔽青年自殺成因

感覺沒有朋友，與社會脫節，找不到自我存在意義，自尊極低。

如何避免成為隱蔽青年？

A. 幫助青年培養興趣，建立自我價值；讓他們覺得被社會需要，建立安全感，然後他們便會願意接觸社會。

B. 家人多讚美、少批評，不要只顧批評他們的讀書成績，要欣賞他們其他方面的長處。

C. 父母不要過份溺愛孩子，不要讓孩子太依賴父母，要培養孩子的獨立能力，建立自信與自我價值，並鼓勵孩子廣交朋友，幫助他們適應社會。

D. 父母本身要多參加社區活動，多結交朋友，樹立好榜樣。

有了身心健康和良好的社交技巧，我們才能如魚得水，充滿力量，能計劃我們想做的事並付諸行動，而且得到周圍的人的支持。結果是自信增加，能選擇我們想要的人生和生活方式，增加自我成功感。

自由的小秘密

假如讓隱藏青年繼續過隱蔽的生活，便等同是放棄了他們。

Part 4

自我修煉

修煉需時而且艱辛。修煉的目的是希望自己能有完全的快樂與自由。

1. 期望越少，快樂越多

期望，是對未來的事或人的前途寄予希望或有所等待。根據美國心理學家和行為科學家維克托・佛魯姆的期望理論，一個人最有動力的時候，是他認為自己的努力會引致很好的表現，而這表現會帶來一定的成果。這個成果深深吸引著他。譬如一個新晉歌手，希望自己三年內能獲得廣大市民的認同並唱出一首膾炙人口的歌。

在人生的不同階段，我們對自己有不同的期望。期望可以使我們進步，亦可以令我們感到失望。例如：我努力溫習，期望考試有好成績；我現在進行的某個研究，期望兩年後可以完成；我現在努力工作，期望十年後可有財務自由。要注意的是，努力並不一定會帶來好的表現。假如自己能達到自己的期望，心裡會感高興，事情可按自己的計劃進行。假如自己達不到自己設下的期望，心裡可能會感到失望，而且往後的計劃也會被打亂或需延後。

・對子女的期望

對其他人，我們也會有不同的期望。但始終每一個人也是獨立的個體，我們難以控制其他人，所以我們對其他人的期望經常會落空。例如你是直升機家長[1]，期望孩子讀書很好，音樂和運動也不錯。你幫她安排一個星期十樣補習和課外活動，希望她能出類拔萃，考到名校。由你期望她考到名校那一刻開始到放榜的那一天，這幾年裡你都繁忙地督促她做好每一件大小事情。其實你很累，也常常很焦慮，但沒辦法，為了女兒考到名校，你覺得你的犧牲是值得的。問題來了。只有考到名校才是成功嗎？成功的定義是什麼？名校適合你的孩子嗎？很多父母把社會通用的方法套用在自己的子女身上。「人家也是這樣做的，應該不會錯。」想讓子女贏在起跑線，但因為孩子太小卻要承受太多事情，壓力太大，許多在當前或將來的成長過程中都有抑鬱症的症狀。

1 「直升機家長」這個名稱源自美國，是指那些過度關注子女的父母。

根據二〇一八年一項香港調查顯示，七名小學生就有一名有抑鬱症症狀，當中百分之十屬於嚴重程度，而小學生的壓力來自學業成績與父母老師對他們的期望。所以假如孩子考到名校，我會恭喜你，而這個恭喜是因為你和女兒堅持的精神，而不是因為你考到名校。可是令人擔憂的是，你會有個錯覺以為自己一直以來教育女兒的方法很正確，「你看，現在不是考到了嗎？」。多少小學成績很好的學生到了中學成績一落千丈，因為多年來的壓力太大和父母不停嘮叨，到了中學時候已經吃不消了。所以考到名校之後也不一定是一件好事。若孩子考不到名校，我也會恭喜你，因為名校不是每一個孩子都能適應的地方，而不讀名校可能相對減輕父母和孩子在其學業上的壓力，以及減少孩子和父母之間的磨擦。你可能會因為孩子考不到名校而感失望，而把失望的情緒宣洩在孩子身上，或會大罵她一頓或埋怨她。千萬不要這樣做，因為這些行為都會令孩子脆弱的心靈受到傷害。從這個案例，我們看到我們對別人的期望，可能會達到亦可能會落空，而達到並不一定是好事，反而落空可能是一件好事。所以，我們為什麼要期待別人做自己想他們做的事？為什麼不可以誘導孩子發掘他們喜歡做的事，然後按他們的潛能全力培育他們？不要以為孩子小，什麼都不懂。你怎樣對待他，他會銘記於心。

．對配偶或伴侶的期望

我們經常會期望配偶或伴侶能對家庭有相當的付出，包括金錢上和家務上的付出。但即使是在結婚前已分配好各人在家務上的負擔，婚後情況也可能不一樣。朱先生婚前同意婚後（如果在家吃飯）會負責洗碗，於是朱太太便期望他婚後會洗碗。婚後兩人經常在家吃飯，但朱先生一年只洗了幾次碗。有一次，朱太太為了使他「兌現承諾」，飯後她沒事做也不去洗碗，就讓碗筷留在洗滌槽裡。到了第二天，因為家裡沒有乾淨的碗筷，夫婦到外面吃飯。回家朱太太受不了廚房那麼骯髒，於是便自己洗了。結果在此之後，朱先生還是一年只洗幾次碗。另一個案例，方先生婚前認識的方太太是一個非常整潔和愛乾淨的女人，方太太當時還說婚後會把家裡打理得井井有條，於是方先生對方太太有了期望。可是婚後方先生發現太太原來是一個不愛整潔也不愛乾淨的女人，家裡常常亂七八糟，掉落的頭髮滿地都是，她更把脫下來的絲襪放在飯桌上，把用過的衛生巾放在廚房水瓶旁。方先生忍無可忍，和太太大吵一頓，結果互不理睬。

更多人期望的是，婚後的生活會像婚前一樣的甜蜜。但事實是，婚前多數比婚後甜蜜，因為婚後我們要面對的更多是家庭的責任和分工合作去打理一個家。多數夫婦談論的是：誰去買醬油？電費交了嗎？衣服晾了嗎？要買冰箱誰來付錢？孩子學校要見家長，你去吧！婚前完全不需要做這些，只要每次見面前打扮得漂漂亮亮，見面時甜甜蜜蜜，分別時依依不捨，便足以令你感到很幸福。

在兩性之間，我們的期望經常會落空。所以最好還是對對方不要有期望，找一個真心相愛、有相同價值觀和性格適合你的人便好。假如對方深愛你，他／她會願意為你改善自己，會願意為你犧牲，你亦如是，則所有問題都可以解決。

▪對老闆的期望

對老闆的期望，似乎是更難達到。老闆高高在上，大權在握，怎會受到你的干擾。除非你是他的愛將或情婦，你可以對他有所期望；否則，你很難掌握你在一家公司裡自己的命運。

我們每天上班下班，期望的只是公司準時發薪水，年尾有分紅。至於升職這一回事，很多人覺得還是很遙遠的。明明老闆是很讚賞你的，但升的不是你；明明這次應該是輪到你升的了，但最後升的還是別人。雖然多數公司都有晉升制度，但是最後決定誰升誰不升的還是人，所以所有晉升制度都有人為的因素在裡面，只是多與少的分別。因此有些人嘗試接近老闆，在老闆面前表現自己，希望能在老闆心中留下印象。

既然每個晉升制度都有人為因素在裡面，我不對任何晉升制度寄予希望，也不對老闆有任何期望。我只是做好我自己的工作，要求自己每一年都有進步、有突破，這樣便好。我不是一個愛「擦鞋[1]」或在老闆面前表現的人，我覺得這樣的人很虛偽。

快樂在於不對別人有期望，不將自己的命運和喜怒哀樂交予他人手上。自己可以決定自己開心與否，不受制於他人。

假如想晉升的原因是因為工資會增加，我會選擇換工作到另外一家工資更高的公司，不受制於原公司加薪幅度的限制。換工作所「增加」的工資往往比在原公司加薪來得更多。總之自己無時無刻都要裝備好自己，在學歷、工作經驗或特殊技能方面都出色，這樣便所有公司都會歡迎你。你有本事，自然有議價的能力。

1 「擦鞋」源自香港，是討好的意思。

很多人因為忙於工作，而忽略投資的重要性，錯失多年的投資機會，也輸了給通貨膨脹。與其費神如何討好老闆，不如把精力放在投資研究上。假以時日，投資成果會變成你的被動收入。當你的被動收入比升職加薪後所增加的工資還多的時候，你為什麼還需要升職加薪？你已經贏了。

總結以上，我們是可以對自己有期望的，因為自己可以按照自己的體力、情緒、時間管理能力、逆境能力，去努力嘗試達成這些期望，而且自己可以隨時改變自己的期望，甚至取消期望。我們對別人的期望，其實是多餘的。任何人都是一個獨立個體，而他對他的一切有著完全的自主權。我們讓自己的情緒受別人的行為所牽引是愚蠢的。再者，你對別人的期望可能會增添別人的壓力和對你的厭惡。

自由的小秘密

人的快樂在於沒有期望對方會做一些令你快樂的事，但對方竟然做了。例如你沒有期望老闆會對你升職加薪，但他竟然這樣做了！你沒有期望你的丈夫會洗碗，但他今天飯後竟然主動去洗碗！你沒有期望孩子會拿一百分，但他竟然拿到了！

2. 幽默能有魔術的效果

我們總是喜歡和幽默的人在一起，因為他們的語言、語氣加表情總會令人發笑。幽默的效果有如魔術般給人帶來驚喜。幽默的人很多也是性格開朗的人。

幽默是一種創意的表現，但不是每個人都有這種能力。大概很多人都希望自己是一個幽默的人，能令別人笑，但有時弄巧反拙，反而會傷害別人或令別人討厭你。幽默是需要長期練習的。記得我小時候，也希望做一個幽默的人。我曾經在同學面前嘗試說一些自己覺得幽默的話，但同學的反應是看著我，並沒有笑。經過多年的練習，現在有人會笑。幽默是在適合的時刻，根據一種文化的價值觀和受眾的理解能力或共鳴，而作出的一些語言技巧和表情，目的是引人發笑。幽默是一種智慧。

‧幽默的神奇之處

A. 破冰效果：在第一次見你的客戶，第一次約會一位異性，第一次見男女朋友的父母，甚至是面試時，適當的幽默能令對方留下深刻而良好的印象。

B. 增加友誼：人人都喜愛和幽默的人在一起，時間都在歡笑中度過。

C. 受同事歡迎：幽默的人能減輕同事的工作壓力，令工作環境變得愉快輕鬆。

D. 避免衝突：幽默能避免語言上的衝突；以幽默的方法來作出批評亦能令別人比較容易接受。

E. 建立事業：幽默的人往往可以利用他幽默的特質來建立他的事業，例如棟篤笑主持人、喜劇演員。

F. 增強免疫力：很多幽默的人自己也喜歡笑，心情常常處於一個輕鬆愉快的狀態。開心的人免疫力也強。

G. 自我開解：在遇到困難時，有些幽默的人能以一個幽默的態度看世界，自我開解。

‧如何練習幽默

假如你只懂得講一兩個笑話，那不算得上是一個幽默的人。如果你能在你的日常對話裡面，也能加入幽默的元素，這樣才是一個幽默的人。

幽默與性格有關，有些人很喜歡搞笑，有些人不喜歡。幽默是可以後天培養的，假如你想成為一個幽默的人，通過練習，你是可以成功的。

練習幽默的秘訣

A. 學懂如何說故事：幽默的故事內容或結局必須是觀眾不能預計的。而在說故事的時候，需要一定的技巧：在說到不同的情節時，要通過聲線的高低、節奏的快慢、語音的大小，加上適合的面部表情和動作，才能達致幽默的效果。說故事的人不應在故事未講完之前便自己先笑了起來。

B. 跳出框框：幽默是一種創意，必須跳出傳統的框框，習慣以全新天馬行空的角度去看事物。

C. 多元學習、終身學習：幽默的人很多是博學的，懂得不同的知識和文化而且越多越好，這樣才可以融會貫通，在不同的場合，以機靈的反應，製造出幽默的效果。

D. 向幽默的人學習：多與一些喜歡搞笑或幽默的人一起，感受他們活潑開朗的性格，學習他們幽默的技巧，以及享受他們製造幽默時那種輕鬆愉快的氣氛。

E. 創造自我風格：創意要在一個完全自由的思想與空間才可以發揮。不要嘗試掩蓋自己的某些缺點，接受自己的缺點。將自己的才能、知識、性格和缺點，一併融入幽默的元素，創造自己獨特的風格。

F. 實戰經驗：要勇於在別人面前嘗試製造幽默效果，從別人的反應判斷自己是否成功。如果別人沒有笑，我們需要檢討自己的幽默技巧和製造幽默效果的時機是否適合。

G. 幽默的禁忌：在製造幽默效果時，不應涉及宗教、種族、性傾向、性別歧視，以免引起誤會，或引起不必要的衝突。

．欣賞幽默的重要性

假如你「天生」不是一個懂得製造幽默效果的人，你至少也應該是個懂得欣賞幽默效果的人。懂得欣賞幽默效果的人會在別人製造幽默效果時和其他人一起大笑，感受片刻難得的歡樂氣氛。但總有些憤世嫉俗或自我中心的人是會在別人說任何笑話或者做幽默效果時都選擇不笑的，他們會說：「有什麼好笑的？這麼低能、白痴。」這些人不選擇快樂，充滿負能量，我們不必理會他們。

自由的小秘密

幽默可以帶來歡笑，但當幽默變成一份工作時，便會給創作幽默的人帶來壓力。因為他們要刻意製造一連串的笑話，既要多、要新又要好笑，這是非常不容易的。

3.

放下的藝術

愛惜自己，放下不能強求的關係，放下別人對你無理的批評。

・放下不能強求的關係

你如何愛一個人，當對方覺得不能和你像從前一樣，或者他／她對你的感覺已有改變，就不能強求對方繼續和你維繫一段婚姻或愛情。婚姻和愛情從來都需要兩個人共同努力去維繫，假如有一方已經不想再繼續這段關係，則一個人很難獨力支撐下去。及時放開對方，便能讓雙方及時有一個重生的機會。

阿玲二十八歲時發現男朋友正在和另一個女人交往，她大受打擊，本以為可以結婚的對象現在正背著她吻著另外一個女人。她很害怕失去男友，因為自己年齡已經接近三十歲，不知道這個男人之後她的生命裡還有沒有其他男人出現。另外，她也是個很好勝的女人，覺得自己必須在這場戰爭中獲勝。於是她一氣之下，便要求男友作出取捨，並且催男友結婚。結果男友無奈之下選擇和她結婚。婚後兩人常常互相含沙射影、冷嘲熱諷。阿玲更因為丈夫有前科，無時無刻都監視丈夫的行蹤和偷偷檢查他的手機和公事包。丈夫覺得阿玲對他不信任，而且感到和阿玲相處壓力很大，機緣巧合之下向女同事訴心事。在女同事的關懷下，漸漸和女同事互生情愫。阿玲發現後，又大受打擊，覺得自己嘗試控制丈夫的努力全部白費。阿玲哭鬧著要求丈夫與女同事斷絕關係，丈夫受不了，奪門出走，幾天沒有回家也沒有訊息。

阿玲冷靜下來，思考自己和丈夫的關係，發現自己其實只想要一段關係而並非真正愛丈夫。她決定放下這段婚姻，給予大家一個重生的機會。

類似的事情可以發生在你和你父母之間的關係。小時候，我們多數都聽父母的話；但長大後，當我們有著自己的價值觀和獨立思考的能力，我們便會按照自己的意思處事，這時父母便可能會覺得我們不聽話了。因為世代不同，成長的環境不同，社會風氣的不同，加上科技進步一日千里，兩代人因價值觀不同而發生衝突的情況其實很普遍。

我們都很想得到父母的支持，因為我們沒有其他父母可以選擇。但當父母不理解、不認同、或堅決不接受我們的時候，我們會很傷心也會憤怒，只能放棄期望父母支持我們。當情況持續，我們會遠離父母，然後某天可能我們已經「放下」父母了。

等到有一天，父母意識到現時的世代已不是他們成長時所處的世代，而且他們掛念子女，他們便會回來支持子女所選擇的路，重拾父母子女的融洽關係。

‧放下別人對你無理的批評

在我們的成長路上，很多人包括父母都會潑我們冷水，說我們做不到，說我們浪費時間、白費心機。原因多數是如果對調角色，他們會做不到。也可能是他們想保護我們，希望我們把時間和力量花在所謂更有價值的事情上。但是，他們並不是我們，即使是父母也沒有可能完全或及時地了解他們的子女。

我很多學生的父母都批評他們修讀設計、專注演戲、積極排舞是沒有用的，將來會找不到工作，即使找到相關的工作，收入也不會穩定。父母用他們成長時代的價值觀來衡量現代人的未來，恐怕是捉錯用神。

二十一世紀的今天，是行行出狀元，而這個行行出狀元和三十年前的不一樣。現在是連行業也可以自創，每一種手機應用程式就是一種行業。譬如Uber，始創人加拿力和金比原先只是想以一個比較便宜的方式來租車，所以發明這個手機應用程式提供租車服務，結果大受歡迎。又例如GoGoVan，是亞洲首個利用手機應用程式提供貨運服務的公司，業務覆蓋超過三百個城市。只要你發明的那種產品或服務是別人也需要的，那麼這便是一個很好的事業。或者你很喜歡騎單車旅行，每一次旅行都是深度遊，歷時半年至一年；你把你的所見所聞以及當地人民的語言、文化、食物融會在一起寫一本書，一個國家寫一本書，那也夠你忙的。加上互聯網驚人的傳播能力，只要你的產品或作品很好，你便很容易創造自己的事業。

現代人推崇獨特的個人風格，像台灣著名繪本畫家幾米創作的漫畫色彩繽紛，而且題字發人深省，所以可以經得起時間的考驗。只要你的設計、演技、舞蹈技巧、藝術作品等，有你個人獨特風格，和其他人不一樣的，則你很可能已獨創一格、帶領潮流，更可以把自己喜愛的事情變成自己的事業。所以我每一次也會鼓勵同學理智分析自身所處的環境和自己想做的事，然後讓他們作決定，畢竟他們要負責計劃自己的人生。

放下別人對你惡意或無理的批評。別人不是你，原諒他們只能以自己有限的見識來對你的行為和選擇作出評價。有建設性的建議，我們細心反思，看看自己如何可以做得更好。具攻擊性或武斷的批評，我們不必放在心裡，因為人的素質與理解能力各有不同。

．放下與放棄的區別

放下，是你曾經很緊張的一件事或一個人，從此不再理會。

放下比緊握，艱難十倍。我們從小到大都被教育成要緊握一切、爭取一切，越多越好。這樣才是有上進心。小時候，測驗拿九十分也會被媽媽責備。我的學生會像買菜一樣，跟我討價還價要我加他零點五分。女人會爭取嫁入豪門，不管自己是否愛對方。我們努力讀書，爭取進入大學；我們努力工作，爭取升職加薪。然後以為越多越好，以為一切都會很好。

都市人盲目追求所謂比別人好和越多越好的謬論，來滿足他們的好勝心。其實這樣會令人變得迷失和不快樂。小時候只顧讀書爭取好成績，卻犧牲了後來無法彌補的童年生活。女人成功嫁入豪門，卻忍受不了豪門的家規和自我價值的失去。我們努力滿足家人和社會的期望，卻失去自己的個性和實現夢想的機會。表面上得到了很多，卻是心中貧乏與空虛。

放下自己不需要的，只抓緊自己獨有的特質與潛能，這樣才能獲得自由與快樂。

放棄則是一個截然不同的概念。你可以放棄一件你很緊張的事，也可以放棄一件你漠不關心的事。例如你可以放棄追求你的女神，又可以放棄一個你不感興趣的學位。放棄予人負面的感覺，但如果你知道再努力也是徒然，則放棄是一個明智的抉擇。

4. 與大自然溝通可增強免疫力

・人類與大自然越走越遠

人類是大自然的一部份，當我們身處大自然的時候，會感到自己的渺小和大自然的無限，所以會感到充滿力量。但是城市人離開大自然已太久，漸漸失去力量，而且變得不快樂。

大自然就是地球原來的樣子，不加雕琢，亦無人工建築。它有自然的規律，令萬物繁衍，充滿生命力。人在大自然之中生活，能吸取大自然的能量，並會對天氣、土地、動物、植物和自己的位置有很好的理解，會尊重生存於大自然中的其他物種。

自從工業革命之後，人類開始沉迷於物質的追求，生產商爭先恐後推陳出新。人們精益求精，以機器創造奇蹟，以物質來創造美滿生活的假象。到現在，已是人工智能的時代，人們更生活在電腦和電子產品中，而且無法逃離智能產品的深淵。但假如智能產品被駭客入侵，則會損失慘重，而所受的損失亦很難復原。生活有多方便，風險便有多高。

本地生產總值（GDP, Gross Domestic Product）由一九四四年開始被廣泛使用，用作量度一個國家或地區常住人民在一段時間內（通常是一年）的本地生產總值。各國與地區為競逐本地生產總值的排名，不斷鼓勵國內及國外消費，造成更多廢物與耗用。製造過程固然耗用大量資源，生產出來的產品亦無法被市民全部吸納，很多都被遺棄而對地球造成更多的污染。

人離開了大自然，建立各式各樣的城市，因而失去對大自然的敬畏之心，增強了狂妄自大的野心。人以為自己可以改變一切，無所不能，視其他物種如無物。人類圈養其他動物來養活自己，製造生命然後屠殺牠們。而當人口膨脹和各國經濟競賽不斷加劇的時候，溫室效應、全球暖化、珊瑚礁死亡、森林消失、物種滅絕、北極冰川消失，繼而引起的地震、森林山火、極端天氣、颶風及海嘯等，也都只是一個過程，一個地球步向滅亡的過程。剛剛聯合國還公佈人類正迫使一百萬物種面臨滅絕的威脅。

人類花幾十年的時間，便可以令地球面目全非。一個孕育萬物的大自然，顯然也敵不過萬物之首的人類。人類在囂張之時，當然也顧及不了地球的健康。人們常常說：我只有幾十年命，到時地球怎麼了，也與我無關。人類的短視和自私，顯而易見，但是人類萬萬想不到的，是還沒有死的時候便已經要承受各種氣候變化所帶來的災難；而且情況沒有最差只有更差。

幸好的是，世界各國剛簽署協議聯手對抗溫室效應，希望在二〇二〇年能夠把世界平均溫度調低兩度。這是一個好的開始，假如溫室效應和世界污染不再急速惡化，並讓大自然有一段可以自行修復的時間，則地球還是有救的。另外，我們也注意到塑料對海洋的污染，於是政府開始實施膠袋徵費，餐廳開始不再使用塑料食具及吸管；希望各國政府能夠在這方面加強監管，實現拯救海洋的措施。

·大自然當中的微生物可增強我們的免疫力

有一件事是不能不知道的，就是大自然當中有很多微生物，而這些微生物可以增強我們的免疫力。芬蘭赫爾辛大學研究專家發現，郊區居民的皮膚比城市居民的有更多的大自然微生物，因此抗敏反應比城市人高。近幾十年，對塵蟎、花粉、動物皮屑敏感而引致濕疹、哮喘、鼻敏感的人數不斷上升。就以英國為例子，一九五〇年只有百分之一的人口有過敏反應，但到一九八〇年時，已經有百分之十的人口有過敏反應；三十年之內增加十倍，速度驚人。因為城市人住在玻璃和混凝土建築物裡，與大自然分隔，同時亦與大自然當中的微生物分隔。所以當這些人接觸花粉，便會有過敏反應。

要減少有過敏反應的人數，其中一個解決方法便是在大城市內實施綠化政策。這方面新加坡做得很好，經過五十年的努力，現時城市綠化覆蓋率已達百分之五十。新加坡還蓋起了濱海灣公園（Gardens by the Bay），佔地一〇一公頃，培植了七十萬棵植物，而且重視生物多樣化的保育。另外，其他城市如巴黎已允許市民在天台、花槽及建築物牆上培植本地植物，政府則提供種子和種植工具。

在此希望大家多接近大自然。過去我不快樂的時候，就會到海邊或碼頭看一看海，合眼感受一下微風安撫的感覺。看到大自然會感覺自己的渺小，而所遇到的困難也變得無關痛癢。我有朋友每星期去跑山，在山上向下望的風景當然不同，而且山上空氣清新，總能令人有充滿能量的感覺。現在我們還知道，多接近大自然，可以增強自己的免疫力。

人本身就是大自然的一部份。人離開大自然便會死亡。當大自然被污染，人類也命不久矣。

自由的小秘密

讓孩子自由地在郊外的山區奔跑，接觸大自然、對大自然產生好奇，並愛上大自然，則他們的觀察力和逆境能力都會增強。

5. 比較的心理枷鎖

人的天性就是喜歡比較，因為他們總是集中注意力在看自己得到什麼，別人得到什麼，當自己得到的比別人多比別人好的時候，便會沾沾自喜，一副贏家的模樣。即使表面可能很冷靜或故作謙虛的模樣，但內心已被「勝利」的快樂所觸動。

學生比較分數，上班的人比較工資，父母比較子女，政府比較本地生產總值。

▪比較的原因

人類總是要通過比較來自我肯定，使自己感覺良好。人通過比較來了解自己所處的位置，如果比別人差，則需加倍努力；如果已經比別人好，則可以稍作休息。

這是一個競逐的世界、一個物質的社會。比較是要免於自己處於一個落後的位置，欠缺競爭力。但有時我們不知道自己為什麼要比較，究竟在競逐些什麼？我們經常會為比較而比較、為競逐而競逐，而忘記自身的價值、生命的意義、和發展自己的理想。

假如這個世界是以錢的多少來作為勝利的標準，則所有可以致富的方法和途徑便成為人們追逐的目標，包括上大學為了找「好」工作，做生意賺大錢，炒孖展玩槓桿，找有錢人結婚，甚至打劫銀行或珠寶店，殺害他人以取得金錢等。

這樣，人便會失去個性甚至人性，怎會快樂。

人生而赤裸，亦沒有任何負擔和壓力伴隨著。每個人都有他的價值和才能，而每個人必須了解自己的強項，把它變成自己的事業。人應該只和自己比較，而不是和別人比較，因為你是蘋果別人是橙，任何的比較也不公平。假如我們要按照同一個制度去比較蘋果和橙，這個制度便是扼殺個性和個人才能的制度，應該摒棄。

在北歐國家，孩子在學校讀書不會排名次，孩子之間不用比較，然而，卻學會尊重和欣賞別人。在智商和情商測試中，這些北歐孩子相比其他國家在操練式學校中成長的孩子，在智商和能力方面竟然一點也不輸蝕，而且在情商及待人接物方面卻表現得更好。

考核制度的產生，在於方便統治者及行政管理者選拔他們想要的所謂「人才」，但他們為了選拔他們想要的少數「人才」，卻抹煞了大多數人的個人潛能和才華。大多數人為了追逐「被選拔」的機會而把自己困在這個考核制度裡，結果活在失去自我、不快樂、高壓力、自愧不如的思想枷鎖中。可悲的是，整個教育制度根本不鼓勵學生發現自我潛能，而是以一套的規則把他們的學業表現變成分數等級，不同的分數等級進入不同排名的大學，最終影響他們可以選擇的公司和機構。

互聯網的誕生和智能手機的應用，徹底改變了全球人類的生活方式和思維模式，從而賦予大多數人有更多走出制度、發展自己的機會。在互聯網的世界，每一個人都是公平的，只要你有一件很好的作品或產品，放在網上，便可以進行買賣，你根本不需要一間實體店。如果你要創造、發明或實現一個新的概念，而你沒有資金，你可以在網上眾籌，你根本不需要問銀行借。又如果你想推出一個市場上還沒有的服務，你可以把它變成一個應用程式，從而在手機上廣泛地服務大眾同時又可以賺得收入。只要你有一個很好的意念，即使你什麼也沒有，也可以變成英雄。

越來越多人已向著這個方向發展，但是我們的教育制度並沒有與時並進，幫助學生早日發現自我和發展自己的潛能，所以很多人還是被困在考核制度裡。當失敗後，年青人便會覺得非常迷失，因為在功能性的教育制度下，他們的唯一目標已失去，剩下來的便是一片茫然，失去自信，甚至失去人生目標。

青年人在長年累月的讀書考核制度中，沒有受到多元發展的啟發和培養，因此埋沒了很多天才，這是政府和社會的錯。

新加坡教育局在二〇一八年九月宣布，在當地就讀小一小二的學生，從二〇一九年開始不需要再參加任何形式的考試或測驗，學校只會以功課、課外活動和小測驗來了解學生的學習進度。而小三、小五、中一、中三也會逐漸於幾年後取消年終考試。目的在於改變各界側重於學業成績的傳統觀念，同時亦希望學生可以發展自己的潛能和興趣，而不把學習過程偏重於追求學業成績的分數。

什麼時候，香港、台灣、日本、南韓、印度和其他亞洲國家，也可以尊重每個獨立個體和照顧到個人的天賦，放當地學生一馬。

．比較的壞處

A. 如果比別人差，可能會否定自己的價值和存在意義。

B. 認同社會某些荒謬的價值觀和階級觀念。

C. 給自己找麻煩，打擊自己的信心。

D. 比較只是一種主觀的感覺和想像，並不是事實。

E. 浪費時間。形勢瞬息萬變，今天你比他差，明天可能你比他好。

F. 你無法完全了解和你比較的人的人生遭遇和個人感受，因此任何比較都是不全面、不客觀的。

G. 假如比較之後引來妒忌感，受苦的只是自己。

H. 假如比較之後引來自大感，不但會令自己停止進步，也可能會失去朋友。

假如這個世界是以快樂的多少來作為勝利的標準，則所有可以令人快樂的方法和途徑會成為人們追逐的目標，包括找一份自己喜愛的工作，或修讀自己喜愛的學科，常常與朋友唱歌暢聚，經常大笑創作笑話等。快樂會增強自身免疫力，這樣人便會健康長壽。

我希望我們的社會，不以一把尺來量度所有人，學會尊重各人的所長，容許各人發展自己的潛能，容許人們快樂。

自由的小秘密

比較是因為有競爭。競爭可以使個人或團隊的技能進步。但不斷的比較，卻會使人感到迷茫和疲倦。

6. 適時發呆

發呆是讓潛意識從籠子裡釋放出來的窗口。這時你腦子放空，處於放鬆但清醒的狀態，無視周圍發生的事情或聲音。

披頭四樂隊約翰・連儂：你什麼也沒有做的時間，並沒有浪費。所以發呆的時候，你並沒有浪費時間。

韓國藝術家Woops Yang在二〇一四年發起首場發呆比賽，參賽者在九十分鐘內不能睡、不能睏、不能看手機、不能笑、不能唱歌跳舞、不能與人聊天。之後發呆比賽成為國際城市的巡迴活動，分別在北京、荷蘭、台灣、香港進行。漸漸地，人們開始注意到發呆的好處。

■發呆的好處

A. 遠離煩擾的生活，把時間和空間還給自己。

B. 加強大腦α電波，避免訊息超載，減低壓力。

C. 激活大腦海馬體，增強記憶。

D. 使大腦皮層的灰質變厚，刺激腦細胞。

E. 增強大腦白質神經細胞傳遞信號，激發創造力。

■發呆的時間

每工作九十分鐘，便應該發呆五分鐘，從而讓大腦休息，使自己在發呆之後能集中精神，繼續工作，增加效率。

像我這樣發呆超過十分鐘的，之後更馬上能夠創作一首歌出來，或寫一首詩，或想通一個案例，或找到一個問題的解決方法。發呆果然可以令人引發靈感，促進創意。

自由的小秘密

那些從早到晚都在發呆的人，應該不是在發呆，而是在懶惰，在為自己的懶惰找藉口呢。

7. 原諒父母，珍惜朋友

・原諒父母

大多數父母都是不知道怎樣做父母的，他們所提供的整個教養過程都是一系列的實驗，而子女當然也就是白老鼠。這些父母也曾是他們父母的白老鼠。這樣一代一代下來，人們都是以一個探險的方式來養育子女，而我相信大多數父母都盡心盡力想照顧好自己的子女。

養育孩子及其成年後的跟進過程，是一條漫長的道路，以數十年計。很多父母在生孩子前都沒有想過這種毫無休止的辛勞過程是如此的漫長，也沒有想過在當今二十一世紀教導孩子的複雜性。他們開頭會很勇敢地面對一切，嘗試享受及克服所有困難。但經過十年後，他們更多的是感無奈甚至「投降」。很多父母總結他們帶孩子的心路歷程，只有一個字「累」。

有些父母因為帶孩子的現實和他們心中的預期落差太大，脾氣開始暴躁，忍耐力開始崩潰，很多寧可在外工作而不想在家帶孩子。在孩子成長過程中，父母承受著極大的挑戰：孩子對他們的挑戰、配偶對他們的挑戰、雙方父母對他們的挑戰、外界給他們的挑戰。但畢竟孩子的出生是父母造成，父母還是要硬著頭皮迎難而上。

不管我們成長的家庭是單親家庭、雙親家庭、父母再婚家庭、或是由外公外婆或親戚帶大的家庭，我們都要有一顆感激之心。我們要相信大人們曾經嘗試努力過，去讓我們得到適當的照顧和關心。他們或許也曾做錯，而影響到我們。但他們也只是普通人，會做普通人做的事，或許是「對」，或許是「錯」，但是對錯又由誰來作定義？每一件事都有它的正反兩面，我們著重看正面的，我們便會充滿正能量，而往後的日子也會因為你這股正能量而變得順利、成功。

在我們成長過程中的某些時候，或會因為各種原因怨恨父母。畢竟是兩代人，成長的社會環境和意識形態都完全不一樣，加上其實每個人都有自己的缺陷和陋習。討厭父母無助於自己的快樂。討厭別人，也是懲罰了自己。只要原諒別人，自己才會真正輕鬆愉快。

我不確定人是否天生會愛自己的父母，但我認為人都傾向愛自己的父母。我們都嚮往有兩個非常愛護和支持我們的父母，而我們可以信任他們及可以在成長路上隨時向他們索取一些人生方向的意見，這樣我們會覺得很有安全感，覺得父母是我們最後的依靠。假如我們有這樣愛護我們的父母，那是我們的幸運。假如我們沒有這樣的父母，也不用憤怒或悲哀，我們的成長過程雖然會比較辛苦，但我們也因此而變得堅強和更有自信。

我們無法選擇父母，所以不管你的父母是可愛的或是令人討厭的，也只有是那兩個人。假如我們希望愛父母，不管他是前者或後者，我們也只好嘗試去愛他們。

假如我們原諒了父母，而又能夠和他們有講有笑，那麼我們便可以享受與父母融洽相處的時間。與父母關係良好，無疑在做其他事的時候，也會更有力量。與父母有了美好的回憶，假如有天他們離開這個世界，便也不會有遺憾。

自由的小秘密

小時候，成也父母，敗也父母。但我們在長大成人之後，可以全權決定自己要做一個怎樣的人。你的生命由那一刻開始。如果你長大後不滿意自己，不要怪責父母，因為你才是你自己的主人，而你沒有行使創造和管理好你自己的權力。

・珍惜朋友

朋友的重要性，非筆墨可以形容。好朋友的定義是：在你困難的時候，他一定會出手襄助（不管在哪裡或什麼時候）。所有最堅固的關係都是以朋友關係為基礎的，所有最理想的父子、母子、父女、母女、夫妻、兄弟姊妹關係也是以朋友關係為基礎的。

朋友的基礎是對等的關係。雙方不會覺得自己比對方優越或卑微，雙方是平等的，是互相幫助、鼓勵、啟蒙的使者。朋友會提點你，不會惡意批評你。

朋友是自己選擇的。朋友圈裡的人來去如飛，最後剩下來的就是和你志同道合的、物以類聚的好朋友。這些人不需要很多，一生人有一兩個同甘共苦的好朋友，已一生無憾。

半夜遇上交通意外，好朋友會在被窩中驚醒過來並趕來協助你；當你傷心想找人傾訴時，好朋友會馬上出現在你眼前聽你傾訴；當你憤怒得要破口大罵時，好朋友會陪你一起講髒話；當你夢想成真時，好朋友會急不及待和你慶祝一番。好朋友不一定常常出現在你眼前，但是每一次見面都別具意義，都是那麼的期待。

好朋友在我的心目中猶如泰山，怎麼也搬不走，因為他太重要了。其他不重要的朋友就好像羽毛一樣，一吹便飄走了。

好朋友的另一特質是他們經歷過時間的考驗，我的好朋友全都認識超過十年。好朋友雖然不住在一起，但他們的心永遠相連。好朋友之所以能成為好朋友，是因為他們互相欣賞和敬佩，並且覺得生命中不能缺少對方。這種力量比起每天住在一起的父母子女或夫妻更加強烈，因為朋友的關係不受任何一種法律約束。

有了這樣的好朋友，一起經歷著人生的喜怒哀樂，夫復何求？

如何尋找志同道合的好朋友

A. 表現真我：如果你在日常生活中也帶著面罩，別人便會以你的面罩去認識你。所以你吸引的只是喜歡你面罩的人，而不是真正的你。所以你「真正的朋友」看不見你，而喜歡你面罩的人也不是你真正的朋友。

B. 珍惜朋友：好朋友之間往往都有一種互相欣賞或敬佩的精神。珍惜朋友，也等於強壯了自己。

自由的小秘密

見過一些朋友的例子，本來是好朋友，但在一起經營生意不久後便反目成仇，因為大家對賺錢、分錢和處理危機的立場不同。金錢的破壞力果然很大。如果大家珍惜友誼，最好還是不要一起開公司或經營生意，不要有金錢瓜葛，因為「講錢傷感情」，除非你對錢無所謂吧。

8. 有工作的人，才會漂亮

經常聽人說：「我中了彩票，就不用工作了！」也聽見一些美女們說：「我嫁入豪門，就不用工作還可以享受人生了！」似乎人人都在嚮往不用工作的日子，但原來工作可以帶來很多好處。

‧工作的好處

A. 工作給你一種自我存在感和提高你的自我價值感。有人信任你，才會把這份工作交給你。有工作需要你，而你通過這份工作對社會作出了貢獻。你在這個社會是有價值的，你是一個「有用」的人。

B. 工作令我們不與社會脫節。在工作的崗位，我們會遇到不同年紀、不同專業、甚至不同國籍的人。這些人的經驗和經歷會讓我們眼界大開，令我們經常接觸新事物和結交新朋友。生命的暖流在這裡傳遞，知識的結晶在這裡凝聚。你能跟著時代的脈搏跳動，一點也不落後。

C. 在工作的環境，我們可以鍛練社交技巧。我們對老闆、對同事、對客戶的說話方式都會稍有不同。在說話時，我們要顧及對方的感受和接受能力，所以要注意自己的用詞以及說話的態度和語氣。

D. 老闆和同事給你的意見（不論是褒或是貶）都可以令你反省自己，從而肯定或改善自己。客戶對你的讚賞，更會令你感到飄飄然。

E. 在公司工作會令你感受到團隊的力量和團結的精神。一起完成一個項目，所經歷的一切會是你和同事的美好回憶。

F. 在不同行業，不同公司，與不同部門的人工作，可以累積我們在不同行業的知識，見識不同公司的制度，結識不同部門的人才，累積我們的人生經驗。

G. 每月的工資可用來支付每月的生活開支或用作進修、旅遊、投資等其他用途。

▪你能掌握兩種或以上的專業嗎？

在現今競爭激烈的世代，我建議每人都應該懂至少兩種行業或專業，萬一你在某專業不夠別人競爭，或者某種專業即將式微或是因突然的災難而要被暫停，你也可以生存。例如：二〇〇三年非典型肺炎肆虐香港，有很多人都失業，我的律師朋友也被公司裁員了，幸好他有個副業就是化妝品代理。這個副業救了他一命，因為這年化妝品的銷售額大升！原來很多被公司裁員的失業人士為了尋找新工作，希望在面試時留下第一好印象，都不得不把自己打扮得特別漂亮，所以化妝品銷售額大增。

一個人如果能掌握兩種或以上的專業，亦顯示他的才能是多元化的。我有一位舊同事，他是資訊科技部的總裁，但也是一個樂團的鼓手，在公司聖誕派對時他便會出來表演。一般人對資訊科技專才的印象是他們只懂和電腦或電子產品溝通，所以這位懂音樂的同事打破了我們對電腦人士固有的定型概念；當然他在我們公司是很受歡迎的。還有我自己，有同學上完我的英語課，來上我的即時傳譯課，然後到上心理學課的時後發現也是我教！他說：「你還有什麼學術科是不懂教的嗎？」專修多個不同的專業，是為自己增值，讓自己有機會研究得更多，把各學科的知識融會貫通，這樣分析問題時會比較客觀，說話時會比較有說服力。

也有人是同時從事兩種職業的。白天他是會計師，晚上他是舞蹈教師。會計師是他的職業，舞蹈教師是他的夢想。他的夢想滋潤著他的職業，讓他白天工作時更有原動力。

自由的小秘密

現在時興在家工作（Home Office），這會令工作的好處大打折扣，但仍能令工作的人有自我價值感及自我存在感。這是最重要的。

釀生活23　PE0158

21世紀完全快樂自由人攻略：掌握思想、財務、健康，做個百分百快樂的人

作　　者　字　悠
責任編輯　杜國維
圖文排版　林宛榆
封面設計　王嵩賀

出版策劃　釀出版
製作發行　秀威資訊科技股份有限公司
114 台北市內湖區瑞光路76巷65號1樓
電話：+886-2-2796-3638　傳真：+886-2-2796-1377
服務信箱：service@showwe.com.tw
http://www.showwe.com.tw
郵政劃撥　19563868　戶名：秀威資訊科技股份有限公司
展售門市　國家書店【松江門市】
104 台北市中山區松江路209號1樓
電話：+886-2-2518-0207　傳真：+886-2-2518-0778
網路訂購　秀威網路書店：https://store.showwe.tw
國家網路書店：https://www.govbooks.com.tw
法律顧問　毛國樑　律師
總 經 銷　聯合發行股份有限公司
231新北市新店區寶橋路235巷6弄6號4F
電話：+886-2-2917-8022　傳真：+886-2-2915-6275

出版日期　2020年3月　BOD一版
定　　價　280元

Printed in Taiwan

國家圖書館出版品預行編目

21世紀完全快樂自由人攻略：掌握思想、財務、健康，做個百分百快樂的人 / 字悠著. -- 一版. -- 臺北市 : 醸出版, 2020.03

面； 公分. --（醸生活 ; PE0158）

BOD版

ISBN 978-986-445-378-8（平裝）

1.自我實現 2.自我肯定

177.2 109000742

讀者回函卡

感謝您購買本書，為提升服務品質，請填妥以下資料，將讀者回函卡直接寄回或傳真本公司，收到您的寶貴意見後，我們會收藏記錄及檢討，謝謝！
如您需要了解本公司最新出版書目、購書優惠或企劃活動，歡迎您上網查詢或下載相關資料：http:// www.showwe.com.tw

您購買的書名：________________________________

出生日期：________年________月________日

學歷：□高中（含）以下　□大專　□研究所（含）以上

職業：□製造業　□金融業　□資訊業　□軍警　□傳播業　□自由業
　　　□服務業　□公務員　□教職　□學生　□家管　□其它_____

購書地點：□網路書店　□實體書店　□書展　□郵購　□贈閱　□其他

您從何得知本書的消息？
　□網路書店　□實體書店　□網路搜尋　□電子報　□書訊　□雜誌
　□傳播媒體　□親友推薦　□網站推薦　□部落格　□其他__________

您對本書的評價：（請填代號　1.非常滿意　2.滿意　3.尚可　4.再改進）
　封面設計____　版面編排____　內容____　文／譯筆____　價格____

讀完書後您覺得：
　□很有收穫　□有收穫　□收穫不多　□沒收穫

對我們的建議：________________________________

____

____

____

請貼
郵票

11466
台北市內湖區瑞光路 76 巷 65 號 1 樓
秀威資訊科技股份有限公司　收
BOD 數位出版事業部

（請沿線對折寄回，謝謝！）

姓　名：＿＿＿＿＿＿＿＿　年齡：＿＿＿＿　性別：□女　□男

郵遞區號：□□□□□

地　址：＿＿＿＿＿＿＿＿＿＿＿＿＿＿＿＿

聯絡電話：(日) ＿＿＿＿＿＿＿＿ (夜) ＿＿＿＿＿＿＿＿

E-mail：＿＿＿＿＿＿＿＿＿＿＿＿＿＿＿＿